Gitte Härter

Nerv nicht!

Über den Umgang mit Nervensägen,
Rechthabern, Langweilern & Co.

Gitte Härter

Nerv nicht!

Über den Umgang mit
Nervensägen, Rechthabern,
Langweilern & Co.

Bibliografische Information der Deutschen Nationalbibliothek

Die Deutsche Nationalbibliothek verzeichnet diese Publikation
in der Deutschen Nationalbibliografie; detaillierte bibliografische
Daten sind im Internet über http://dnb.d-nb.de abrufbar.

ISBN 987-3-86936-064-5

Lektorat: Friederike Mannsperger
Umschlaggestaltung: Martin Zech Design, Bremen, www.martinzech.de
Satz und Layout: Da-TeX Gerd Blumenstein, Leipzig, www.da-tex.de
Druck und Bindung: Salzland Druck, Staßfurt

2. Auflage 2013

www.gabal-verlag.de

Abonnieren Sie den GABAL-Newsletter unter:
newsletter@gabal-verlag.de

Inhalt

Das neeeeervt!

Das kennen Sie auch: Dummschwätzer, Rechthaber, Gesprächs-dominierer... Leute, die einen zutexten ohne Ende oder ein schlechtes Gewissen machen. Neugierige Typen, die einen regel-recht verhören. Oder Choleriker, die Sie zur Schnecke machen.

Letzten Sommer war ich beispielsweise in einem Café. Ein toller Sommertag. Ich hatte ein Buch dabei, ergatterte einen Tisch für mich alleine, bestellte ein Eis und freute mich über meinen Kurz-urlaub. Was passierte? „Hier ist doch noch frei?!" Wie die Heu-schrecken belagerten drei Frauen meinen kleinen Tisch. Und dann ergossen sich eklige Details über Frauenleiden über mich, die ich ganz bestimmt niemals hören wollte!

Im Café kann man gehen. Doch was ist, wenn Ihre Arbeitskolle-gin, mit der Sie sich das Büro teilen, Ihnen minutiös über ihren Verdauungsapparat berichtet? Wenn Ihre Schwägerin Sie mit end-losen Geschichten über die Nachbarin versorgt, die Sie gar nicht kennen... Die Gelegenheiten, bei denen man sich gerne aus dem Staub machen möchte, sind zahlreich.

Mit diesem Buch tue ich alles, was in meiner Macht steht, um Ih-nen solche Situationen zu ersparen. ☺

Sie erfahren,
- wie Sie mit den diversen Pappenheimern umgehen können,
- was Sie auf keinen Fall tun sollten, weil es nur Öl ins Feuer gießt,
- wie Sie sich auf gute Art einem Gesprächsthema oder Ge-sprächspartner entziehen können,
- wie Sie Ihre Meinung sagen, ohne sich in Grundsatzdiskussio-nen oder ein „Du hast aber" hineinziehen zu lassen,
- wie Sie Grenzen setzen können, die andere auch wahren,

- wie Sie auf nette Weise ganz offene Worte finden können, um zu sagen, dass Sie eine Angewohnheit nervt oder Sie über ein Thema nicht (oder nicht so) sprechen möchten.

Das Wichtigste ist für mich, dass Sie das auf respektvolle Weise tun. Denn Sie sollen handeln, *aber auf souveräne Art.*

Damit Ihnen das gelingt, geht es nicht nur um den Moment selbst, sondern ich rege Sie dazu an, auch immer die Perspektive zu wechseln: Was geht in jemandem wohl vor, der sich soundso verhält? Wann sind Sie vielleicht sogar „auch so"?

Zu jedem Nervtypen bekommen Sie von mir einen ganzen Strauß an unterschiedlichen Möglichkeiten, damit umzugehen. So können Sie sich genau die Reaktion auswählen, die Ihnen persönlich am meisten liegt.

Viel Spaß beim Lesen! Und schreiben Sie mir, wie Sie mit den Lösungen zurechtgekommen sind oder ob Ihnen Gesprächssituationen fehlen. Vielleicht haben Sie ja auch einen ultimativen eigenen Tipp.

Herzliche Grüße
Gitte Härter
(auch hin und wieder nervig)
E-Mail: gitte@selbstmarketing.de

Für eine flüssigere Lektüre habe ich die männliche Form gewählt. Doch natürlich hängt Nervigkeit nicht vom Geschlecht ab. Es gibt männliche Lästerschwestern ganz genauso wie weibliche Choleriker.

1. Nervige Gespräche wird es immer geben, was also tun?

Sie fühlen sich bedrängt, sind überzeugt davon, es mit einem Idioten zu tun zu haben, oder Ihr Gegenüber langweilt Sie endlos: Immer wieder werden Sie mit Gesprächen konfrontiert, die Sie als unangenehm empfinden und bei denen Sie am liebsten das Weite suchen möchten.

Daher gibt es drei Ziele:

1. **Aktiv werden,** das heißt, niemals Dinge über sich ergehen zu lassen. Wenn Sie nicht danach handeln, was Ihnen guttut, vergeuden Sie Lebenszeit. Im schlechtesten Fall züchten Sie sich ein Magengeschwür, mindern Ihr Selbstwertgefühl oder überwerfen sich mit anderen. `Aktiv, unabhängig und souverän`
2. **Sich unabhängig machen.** Das bedeutet: Ihre Handlungsfähigkeit zu bewahren, damit Ihre Emotionen und Reaktionen nicht vom Verhalten anderer abhängig sind.
3. **Souverän und eindeutig (re)agieren.** Wie ich schon betont habe, geht es darum, dass Sie auf gute Weise parieren. Indem Sie ein Gespräch lenken, klar sagen, wenn Ihnen etwas nicht passt, oder sich geschickt aus der Situation „stehlen".

Bevor wir uns damit befassen, was uns an anderen nervt und wie Sie damit umgehen können, ist es wichtig, dass Sie sich mit sich selbst auseinandersetzen. Denn auch wenn wir es manchmal tatsächlich mit Nervbolzen zu tun haben, so hat es immer viel mit uns selbst zu tun, ob wir aggressiv werden oder über etwas schmunzeln können, ob uns etwas trifft – oder wir es gar nicht recht wahrnehmen und ob wir uns kleinmachen lassen. Manchmal hat das auch mit der Tagesform zu tun. Das kennen Sie sicher: `Sich an die eigene Nase fassen`

Worüber Sie gestern noch mit einem Schulterzucken hinweggehen konnten, löst heute einen Wutanfall aus.

Vielleicht haben Sie auch Lust, erstmal gleich weiter hinten zu stöbern, *was Sie denn nun am besten tun können, wenn…* Dann los! Allerdings bitte ich Sie, zu diesem ersten Kapitel später noch einmal zurückzukehren.

Das Übel an der Wurzel packen Denn noch viel besser als Tipps und Kniffe ist es natürlich, wenn Sie an die Wurzel gehen. Das ist nicht nur schön, weil Sie sich so auch persönlich weiterentwickeln (und dadurch viele Situationen schlichtweg nicht mehr als lästig wahrnehmen), sondern es ist auch die Grundlage, viele der Empfehlungen, die ich Ihnen später gebe, auch durchführen zu können.

Fangen wir gleich mit der wichtigsten Frage an: Was nervt Sie denn überhaupt – und aus welchen Gründen?

Was nervt Sie überhaupt – und warum eigentlich?

Jeder tickt anders. Das, was mich in den Wahnsinn treibt, bemerken Sie vielleicht nicht einmal. Und was Sie als indiskret und dreist empfinden, finde ich ganz normal. Dennoch werden wir beide genug finden, was uns auf die Nerven geht.

Person

Manchmal geht uns jemand insgesamt auf den Wecker: Das kann an Vorurteilen liegen, etwa wenn jemand arm oder reich, dick oder dünn, kinderreich oder kinderlos ist oder eine bestimmte Position einnimmt. Vielleicht ist auch die Beziehung gestört oder die Person legt ein Verhalten an den Tag, das wir als unangenehm empfinden. Das Gemeine daran ist, dass der Gesprächspartner Sie vielleicht einfach an jemanden erinnert: einen dominanten Vater oder eine schreckliche Ex-Freundin, also jemanden, mit dem Sie schlechte Erfahrungen gemacht haben, und das nun automatisch übertragen.

Gespräch

Es gibt Gesprächsthemen, die uns auf den Geist gehen: Vielleicht erzählt Ihnen die beste Freundin wirklich ständig von Männerproblemen, ist Ihr Lebensgefährte total negativ eingestellt und findet überall ein Haar in der Suppe oder Sie haben einfach keine Lust auf Gespräche über Politik und Krankheiten. Auch der Verlauf, den ein Gespräch nimmt, hat hohes Nervpotenzial: Redet da einer ohne Punkt und Komma und scheint gar nicht an Ihnen interessiert? Werden Sie als Statist zum Zuhören gebraucht? Oder diskutiert Sie der andere in eine Ecke?

Spezielle Auslöser

Und dann hat jeder Mensch auch so seine Auslöser, bei denen er sich provozieren lässt: Sie reagieren plötzlich sehr heftig (und wundern sich vielleicht selbst darüber), Sie verfallen in eine Verteidigungshaltung und rechtfertigen sich. Oder es werden bestimmte Grenzen verletzt.

Was nervt Sie am Gegenüber: Person oder Verhalten?

- Die Person ähnelt jemandem, den Sie nicht mögen
- Sie haben Vorurteile – allgemein („Manager sind praxisfern")
- Sie haben Vorurteile auf diese spezifische Person bezogen
  („Die ist karrieregeil und geht über Leichen")
- Die Stimme: ist schrill, zu leise, zu laut oder einschläfernd
- Es gibt irritierende oder verrücktmachende Angewohnheiten
  (z. B. Schmatztöne, die Nase in Intervallen geräuschvoll hoch-
  ziehen oder oberlehrerhafte Formulierungen)

Was nervt Sie an Gesprächen: Inhalte oder Verlauf?

- Der andere ist zu neugierig oder aufdringlich
- Sie fühlen sich bedrängt oder bevormundet
- Jemand klaut Ihre Ideen
- Der andere verhält sich gönnerhaft oder schaut auf Sie herab
- Inhalte sind Ihnen nicht angenehm, da zu persönlich oder ein-
  fach ätzend aus Ihrer Sicht
- Es geht immer wieder um dasselbe
- Gespräche drehen sich immer nur um das Gegenüber
- Der andere unterbricht dauernd

Was nervt Sie an „Knöpfen", die gedrückt werden?

- Werte werden verletzt: jemand lästert oder lügt
- Bestimmte Themen treiben Sie auf die Palme (z. B. Stammtisch-
  parolen, eine aus eigener Sicht uninformierte oder ignorante
  Haltung)
- Jemand fragt Sie immer um Rat, antwortet aber immer mit „Ja,
  aber" und erklärt, warum das nicht geht
- Eigene Unsicherheiten oder wunde Punkte werden berührt
- Jemand scheint automatisch die Opposition einzunehmen

Mit der folgenden Übung machen Sie sich klar, was genau für *Sie* Nervcharakter hat. Wenn Sie bei sich selbst beginnen, können Sie daran arbeiten, souveräner zu werden, und geraten erst gar nicht mehr in für Sie nervige Situationen.

Eben habe ich Ihnen drei Bereiche vorgestellt und jeweilige Nervauslöser beispielhaft aufgeführt. Tragen Sie nun in die unten stehenden Tabellen ein, was genau Sie in diesen Bereichen als nervig empfinden. Wenn Sie mehr Platz brauchen, übertragen Sie die Tabelle einfach und schreiben munter drauflos. Notieren Sie alles, auch Kleinigkeiten, und bewerten Sie, wie groß der Nervfaktor für Sie ist.

- **Nervt ein wenig:** Das sind Dinge, die Sie nicht so prickelnd finden, die aber aushaltbar sind.
- **Nervt sehr:** Das geht Ihnen schwer auf die Nerven und beeinflusst Sie entsprechend.
- **Ist unerträglich:** Sie können ein Verhalten oder eine inhaltliche Aussage kaum aushalten, weil Sie es als verletzend, gemein oder einfach eine Zumutung empfinden.

Nicht alles nervt gleich stark

Das nervt mich am Gegenüber: Person oder Verhalten			
	nervt ein wenig	nervt sehr	ist unerträglich

Das nervt mich an Gesprächen: Inhalte oder Verlauf

	nervt ein wenig	nervt sehr	ist uner-träglich

Das nervt mich an „Knöpfen", die gedrückt werden

	nervt ein wenig	nervt sehr	ist uner-träglich

Diese Übung können Sie übrigens für zwei weitere Gelegenheiten sehr gut brauchen:

Erstens können Sie sie in regelmäßigen Intervallen, etwa einmal im Jahr, wiederholen. Gerade wenn Sie aktiv mit dem Buch arbeiten, werden Sie feststellen, dass sich Ihr Verhalten positiv verändert: Sie werden selbstsicherer, klarer und souveräner reagieren – dadurch werden Sie nach und nach bestimmte Verhaltensweisen oder Personen weit weniger nerven.

Coachen Sie sich kontinuierlich!

Zweitens können Sie die Übung dafür nutzen, eine bestehende Nervsituation zu analysieren. Wenn Sie also eine Person oder ein Gespräch als nervtötend empfinden, können Sie sich fragen: Was genau stört mich? Wie stark? Warum ist das so? Dadurch bekommen Sie einen sachlichen Blick auf sich selbst und können Lösungen finden.

Innerliche Auswirkungen

Je nach Persönlichkeit und je nachdem, wie stark Sie etwas als nervig empfinden, wird sich das unterschiedlich auswirken. Darum biete ich Ihnen hier eine Liste von Möglichkeiten an, was sich im „Ernstfall" innerlich bei Ihnen so tun könnte: Das können körperliche Symptome sein oder ein Gefühl ergreift Besitz von Ihnen. Kreuzen Sie die Auswirkungen an, die Ihnen an sich bekannt vorkommen, und ergänzen Sie, wenn Ihnen etwas fehlt:

Testen Sie Ihre Gefühle

Checkliste: Gefühle ergreifen Besitz

☐ Ich werde unruhig
☐ Ich verspanne mich

☐ Ich verspüre Trauer

☐ Ich drifte ab
☐ Ich muss innerlich lachen

☐ Ich bekomme Bauchweh
☐ Es ist wie eine Faust in den Bauch

☐ Es schnürt mir richtig die Kehle zu

☐ Ich fühle mich überlegener
☐ Ich verliere den Respekt

☐ Ich verachte mein Gegenüber	☐ Ich bin grenzenlos enttäuscht
☐ Ich werde richtig aggressiv	☐ Ich könnte gewalttätig werden
☐ Ich bekomme Mitleid	☐ Ich kann keinen klaren Gedanken fassen
☐ Ich fühle mich als Versager	☐ Ich habe das Gefühl von Resignation
☐ Ich werde nicht respektiert	☐ Ich beschimpfe den anderen innerlich
☐ Ich werde panisch	☐ Ich werde ganz weich und überfreundlich
☐ _____	☐ _____

Ganz schön heftig, wie sich Genervtsein äußern kann! Manche Gefühle können so richtig die Kontrolle über Denken und Handeln übernehmen.

Wenn Sie sich schwer damit tun, diese Übung jetzt so allgemein zu durchdenken, dann kommen Sie einfach später darauf zurück. Vielleicht sehen Sie sich lieber zuerst die Situationen im Buch an, die Sie am meisten betreffen. Wenn Sie beispielsweise direkt zum „Immer-das-letzte-Wort-Haber" blättern, dann fragen Sie sich: Was passiert „in mir", wenn jemand immer noch etwas nachschiebt, nur um ja das letzte Wort zu haben?

Außenwirkung

Wie Sie sich fühlen, so verhalten Sie sich

So, wie Sie sich innerlich fühlen, werden Sie sich auch benehmen. Ihr Umfeld wird Ihnen anmerken, was Sache ist. Die Bandbreite der sichtbaren Auswirkungen ist riesig. Darum biete ich Ihnen hier wieder einige typische Verhaltensweisen an.

Sichtbare Konsequenzen von Genervtsein können sein:

Körpersprache

- Mimik: schmalen Mund bekommen, Kieferpartie anspannen, Augenrollen, Mund verziehen, betont ironisch oder anklagend schauen, die Augen wütend oder missbilligend zusammenkneifen, die Nase rümpfen, die Mundwinkel zittern, unsicher in alle Richtungen schauen …
- Gestik: fahrig werden, Fäuste ballen, Hände verkrampfen, beleidigende Gesten machen (z. B. Stinkefinger, Vogelzeigen), abgehackte Bewegungen, mit dem Fuß aufstampfen, mit den Händen ringen
- Haltung: auf Abstand gehen, etwas zwischen sich und die andere Person bringen, sich abwenden / wegschauen, betont aufrecht sitzen / stehen oder auch sich kleiner machen / Kopf einziehen, sich komplett verspannen, die Hände oder Beine schützend überkreuzen

Stimme und Sprache

- die Stimme „bricht"
- lauter oder leiser / tonloser sprechen
- die Stimme wird höher (Kopfstimme)
- schneller werden
- sich versprechen oder ins Stottern kommen
- missbilligende oder ungeduldige Geräusche machen (z. B. hörbar ausatmen, schnauben oder aufstöhnen)
- höhnischen / lächerlich machenden Tonfall anschlagen
- das Vokabular wird grober, respektloser oder enthält sogar Schimpfwörter …

Kommunikation und Reaktion

- defensiv werden / sich rechtfertigen
- den anderen beschimpfen
- anklagen / aufrechnen, zurückschlagen
- die Person oder Sache ins Lächerliche ziehen
- weggehen
- Türe schlagen oder etwas werfen
- dem anderen auf die Pelle rücken

- weinen, jammern, Mitleid heischen
- an den anderen appellieren
- den anderen nachäffen, „spiegeln" (also das gleiche nervige Verhalten zeigen), auf sarkastische Weise zustimmen
- den anderen absichtlich mit etwas auf die Palme bringen
- ignorieren
- sprachlos sein (mir fällt nichts ein; ich traue mich nicht, weil ich nicht taktlos sein möchte; mir verschlägt es regelrecht die Sprache / ich bin handlungsunfähig) …

Beobachten Sie sich einmal im Alltag! Wenn Sie nächstens wieder genervt sind, achten Sie darauf, was sich zeigt. Das ist ganz schön erhellend!

Jetzt kommen wir zu Ihrem eigenen Nervfaktor.

Hand aufs Herz:
Wo nerven Sie denn selbst?

Der besondere Witz ist der: Andere Leute lesen in diesem Moment auch dieses Buch, um endlich mit *Ihren* nervigen Angewohnheiten besser umgehen zu können. Und die haben Sie, das versichere ich Ihnen!

Sie nerven aber auch ganz schön!

Es ist sogar gar nicht selten, dass zwei Gesprächspartner im gleichen Gespräch sich gegenseitig nervtötend finden. Da, wo Sie denken „Oh mein Gott, jetzt fängt die schon wieder mit diesen alten Geschichten an! Ich kann es nicht mehr hören!", denkt sich Ihre Gesprächspartnerin: „Jetzt sitzt sie da schon wieder stumm wie ein Fisch. Vermutlich interessiert sie sich gar nicht für mich. Ich finde das so schlimm, dass ich immer alleine das Gespräch am Laufen halten muss!"

Sich gegenseitig nerven

Bestimmen Sie Ihren eigenen Nervfaktor und stellen Sie sich folgende Fragen:

> **Meine nervigen Angewohnheiten**
> 1. Was sind Dinge, die andere in Gesprächen an mir nerven könnten? (z. B. alles ins Ironische ziehen, immer mit einem „Das war mir klar!" quittieren ... nehmen Sie sich das Inhaltsverzeichnis zur Inspiration!)
>
> _____
>
> _____
>
> 2. Welche Angewohnheiten beim Sprechen habe ich, die andere vielleicht nerven? (z. B. Suggestivformulierungen: „Du findest sicher auch ...", nur immer in der Ich-Form reden)
>
> _____
>
> _____

3. Was ist mir in dieser Hinsicht schon gesagt worden bzw. wofür bin ich kritisiert worden?

4. Was sind Verhaltensweisen, bei denen ich *befürchte*, sie könnten schlecht ankommen? (z. B. „Ich rede sehr laut und das könnte wie Immer-in-den-Mittelpunkt-drängen ankommen.", „Ich erzähle immer nur von mir und komme vielleicht so rüber, als ob ich nicht zuhören könnte.")

5. Wo nerve ich Menschen, mit denen ich in einer längeren Beziehung stehe? (z. B. immer alte Kamellen aufwärmen/ vorhalten, jemanden in einer bestimmten Schublade haben; glauben zu wissen, was der andere denkt/meint/ möchte; sagen, dass „nichts" ist, aber ein vorwurfsvolles Gesicht machen.)

Fragen Sie, was andere an Ihnen nervt! Sie können Leute in Ihrer Umgebung auch einfach fragen. Gute Freunde oder andere Menschen, die es gut mit Ihnen meinen und ehrlich sind, oder auch solche, mit denen Sie einen engeren Kontakt haben und gerne eine noch bessere Basis erhalten möchten.

Beziehungen

Was ist zu tun, wenn ausgerechnet Ihr Chef oder ein Kunde nervt? Wenn Ihr Lebenspartner eine für Sie ätzende Angewohnheit hat? Dürfen Sie dann die Tipps hier im Buch ganz genauso anwenden? Oder muss man in bestimmten Konstellationen einfach toleranter sein, auch die nervigste Angewohnheit aushalten und irgendwie damit klarkommen?

Darf man dem Chef Kontra geben?

Natürlich dürfen und sollten Sie auch – und gerade dann – aktiv werden und nicht nur passiv die Dinge über sich ergehen lassen.

Gerade bei engeren Beziehungen sind Nervereien Gift und können ein an sich gutes Miteinander nach und nach unterhöhlen.

Wenn eine Freundin immer wieder spitze Bemerkungen macht, distanzieren Sie sich mehr und mehr. Wenn Ihr Partner die nervige Angewohnheit hat, zu dozieren, kann die Liebe abkühlen. Und wenn Sie sich vom Chef immer wieder angeberische Vorträge anhören und das durch Nicken erst noch ermutigen, verlieren Sie langsam Ihre Geduld und irgendwann auch den Respekt.

Alle Tipps hier im Buch sind so aufgebaut, dass Sie aktiv, souverän und klar sind – aber gleichzeitig auch respektvoll. Bei engeren Beziehungen spielen natürlich noch weitere Aspekte eine Rolle. Denn die Menschen, denen wir näherstehen oder täglich begegnen, kennen wir besser und sie kennen uns besser.

Direkt, aber respektvoll

Dadurch gibt es
- Vorurteile: auf die Person direkt bezogen oder auch auf die „Position" der Person (z. B. mit Schwiegermüttern gibt es immer ein Problem),
- eingefahrene „Spiele", die wir miteinander durchziehen (oft unbewusst),

- schwelende Probleme oder Knackpunkte, durch die nervige Themen oder Verhaltensweisen als Nebenschauplätze eröffnet werden (z. B. Sie sind in Ihrer Beziehung unzufrieden und darum gibt es Sticheleien oder latente Angriffe),
- frühere Erfahrungen, die uns auf bestimmte Weise handeln lassen (z. B. ein Problem mit Autoritätspersonen durch einen strengen Vater, das Sie Chefs nicht anerkennen lässt),
- explosive Themen, die Nerv- oder Streitpotenzial haben (z. B. ein gefühltes oder tatsächliches Fehlverhalten der anderen Person, die Forderung, dass sich der nahestehende Mensch auf meine Seite schlägt).

Drei wichtige Fragen

Hier drei wichtige Fragen für Sie, mit denen Sie die Beziehung daraufhin abklopfen können, ob es abgesehen von einer bestimmten Verhaltensweise noch weitere Gründe gibt, warum dieser Gesprächspartner Sie so nervt.

Die Person, die mich nervt, steht in folgender Beziehung zu mir:

_____

1. ☐ Ich mag die Person eigentlich
   ☐ Ich mag diese Person nicht, weil:

_____

_____

_____

Achtung: Seien Sie bitte ehrlich zu sich selbst! Vielleicht mögen Sie die Person nicht, weil Sie glauben, dass diese Sie nicht mag. Oder Sie halten sie für arrogant. Oder Sie sind nachtragend, weil die Person Sie enttäuscht hat. Oder Sie standen mit anderen Menschen in ähnlicher Beziehung und die betreffende Person erinnert Sie an sie. Auch Familienmitglieder können unsympathisch sein!

2. Haben Sie einen aktuellen oder früheren Konflikt mit dieser Person? Ist die Beziehung also durch irgendeinen Vorfall ohnehin gestört?

_____

_____

_____

_____

3. Sind Sie mit dieser Person in einer Nervschleife gefangen, kommen also wieder und wieder in dieselbe ungute Situation, in der Sie sich beide auf bestimmte Weise verhalten?

_____

_____

_____

_____

Wenn Sie sich diese Fragen ehrlich beantworten, erkennen Sie, ob es ein grundlegendes Problem gibt, das gelöst werden sollte.

Die 5 wichtigsten Tipps zum souveränen Umgang mit anderen

1.   Perspektivenwechsel

Der Blickwinkel des Gegenübers

Versetzen Sie sich in das Gegenüber. Dabei ist nicht maßgeblich, ob Ihre Annahmen dazu wirklich hundertprozentig zutreffend sind, sondern dass Sie die Situation des anderen nachvollziehen können. Damit schaffen Sie die Grundlage dafür, konstruktiv zu reagieren.

Beispiel: Wenn die Kollegin ständig jammert, wie viel Arbeit sie hat, kann das bedeuten, dass sie aufmerksamkeitssüchtig ist, es kann aber auch einfach ein Hilferuf bei tatsächlicher Überforderung sein.

Der Perspektivenwechsel bedeutet keineswegs, dass alles hingenommen oder wegerklärt werden soll. Es geht darum, dass Sie sich einen sachlichen Blick bewahren.

2.   Keine Unterstellungen oder (innere) Beleidigungen

Respektvoll: auch innerlich!

Trennen Sie Annahmen von Fakten. „Bestimmt macht er / sie das, weil…", „Das ist ja ein Dummschwätzer!" Sehr häufig sind wir recht ungnädig, wenn wir genervt sind. Es ist ein menschliches Ventil, jemanden mit Schimpfwörtern zu betiteln oder meistens nicht sehr schmeichelhafte Vermutungen anzustellen, warum der andere sich auf genau diese Weise benimmt.

Gehen Sie respektvoll mit anderen um. Mir hilft in schwierigen Situationen der Spruch „Was Du nicht willst, dass man Dir tu". Ich möchte nicht, dass man über mich spekuliert oder beleidigend über mich denkt. Also halte ich mich in der Pflicht, das selbst ebenfalls nicht zu tun. Ertappe ich mich dabei, korrigiere ich mich.

3. Eine hilfreiche Einstellung

Bitte vergessen Sie Sprüche wie „Wenn du Krieg haben willst, sollst du Krieg haben" und „Wie es in den Wald hineinruft, schallt es heraus". Es ist nicht hilfreich, Ihr eigenes Verhalten von Ihrem Gegenüber abhängig zu machen.

Bleiben Sie bei sich!

Auch nicht, wenn Sie es mit Härtefällen zu tun haben, also etwa mit wirklich sehr unangenehmen, aufdringlichen oder beleidigenden Menschen.

Das bedeutet nicht, dass Sie klein beigeben oder gar „die andere Wange hinhalten" sollen, wenn Ihnen jemand ganz dumm kommt. Sich emotional zusätzlich aufzuputschen und sich damit einen Freibrief für Unsachlichkeit auszustellen, schadet Ihnen aber mehr, als es nutzt. Denn es verhindert Souveränität.

4. Klartext reden – und zwar zu der Person, die es betrifft

Vergessen Sie bitte auch Andeutungen und Durch-die-Blume-Signale. Auch demonstratives Ignorieren oder sarkastische Bemerkungen sind nicht von Erfolg gekrönt – abgesehen davon, dass Sie damit Ihrem Anspruch, respektvoll und sachlich zu bleiben, gegenlaufen.

Direkt ansprechen

Hoffen Sie nie darauf, dass der andere „es schon merken wird", sondern sprechen Sie es offen an: Sie sagen unmissverständlich, aber auf konstruktive Weise, was Sie nervt oder wo Sie bestimmte Grenzen haben.

Jeder Mensch, den ich bisher getroffen habe – beruflich und privat – wünschte sich, dass andere das direkte Gespräch suchen, wenn ihnen etwas nicht passt, und nicht etwa innerlichen Groll hegen oder sich gar bei Dritten beklagen. Bestimmt gehören Sie auch zu diesen Leuten, oder?

5. Aktiv die Führung übernehmen

Das Gespräch
führen
Wann immer uns eine Situation nervt, neigen wir sehr stark dazu, anderen die Führung zu überlassen – etwa, indem wir auf Durchzug schalten oder uns sagen „Der ist halt so. Menschen ändern sich nicht" oder „Mit dem kann man nicht reden".

Je passiver Sie etwas über sich ergehen lassen, desto nachteiliger: Für Sie, weil Sie sich weiterhin einer nervigen Sache aussetzen. Für die Beziehung, weil selbst die beste Freundschaft untergraben wird, wenn etwas Nerviges unausgesprochen bleibt. Und für den anderen, der vielleicht gar nicht weiß, dass er Sie (oder auch andere Menschen) mit seiner Art nervt.

Behalten Sie immer die Gesprächsführung oder holen Sie sie zurück, wenn Ihnen ein Gespräch auf den Geist geht.

Hand aufs Herz:
Wie stark sind Ihre Nerven?

Hier noch eine kleine Checkliste für Sie, um zu testen, wie es ganz generell um Ihr Nervenkostüm bestellt ist. Die folgenden sieben Faktoren bestimmen, wie stark Ihre Nerven sind. Wenn Sie in mehreren Bereichen ankreuzen, dass es darum nicht so gut bestellt ist, dann sind Sie sehr viel leichter genervt und reagieren auch heftiger. Wo sehen Sie Defizite?

7 entscheidende Faktoren

Checkliste Nervenkostüm

- ☐ **Zufriedenheit**: Sie sind prinzipiell zufrieden mit sich selbst, Ihrem Privatleben und an Ihrem Arbeitsplatz. Bei Unzufriedenheit ist die Stimmung bedrückt, wir sind oft ungerecht mit uns selbst und anderen oder regelrecht schlechter Laune. Es kann zu Aggressionen und Neid gegenüber anderen kommen, denen es besser geht oder deren Probleme wir trivial finden.
- ☐ **Ausgeglichenheit**: Sie sorgen gut für sich, indem Sie darauf achten, sich nicht ständig zu überlasten, das tun, das Sie gerne machen, und für ein gutes Miteinander sorgen. Je weniger ausgeglichen, desto heftiger reagieren wir auf andere, manchmal die Fliege an der Wand, und sind auch schnell aus der Bahn zu werfen.
- ☐ **Konstruktiv mit sich selbst**: Sie sind fair mit sich, können mit Enttäuschungen oder Fehlern umgehen und sind auf gute Weise selbstkritisch. Wer sehr hart zu sich ist, ist oft auch sehr unnachgiebig mit anderen. Manche Menschen sind schnell mit harscher Kritik und Verurteilungen bei der Hand.
- ☐ **Ernährung**: Sie essen und trinken genug, abwechslungsreich und verhältnismäßig gesund. Probieren Sie es aus: Wenn Sie längere Zeit nichts essen oder sich sehr einseitig ernähren, werden Sie dünnhäutiger, ungeduldig und schneller aggressiv.

- ☐ **Genug Schlaf**: Sie schlafen genug und gut, so dass Sie morgens wirklich ausgeruht sind. Wer unter Schlafdefizit leidet oder mangelnde Schlafqualität beklagt (z. B. ewig nicht einschlafen können, wie gerädert aufwachen), ist körperlich und geistig stark unter Stress, auch wenn sonst alles okay ist. Dann ist das Level, was man aushält, sehr gering.
- ☐ **Bewegung**: Sie bewegen sich regelmäßig. Das muss nicht unbedingt gleich Sport sein, auch wenn das für das eigene Körpergefühl und die Stressreduzierung gut wäre. Auch Spaziergänge an der frischen Luft sind wunderbar. Das geht einher mit der Stärke und Stressresistenz, die Sie durch Ernährung und Schlaf im Einklang mit Bewegung erreichen können.
- ☐ **Gesundheit**: Sie sind eigentlich gesund und fit. Wer krank ist, psychisch oder physisch, ist buchstäblich angeschlagen: das zerrt an den Nerven. Besonders schlimm ist es, wenn es sich um chronisch gewordene Krankheiten handelt. Auch bestimmte Medikamente können zu Dünnhäutigkeit oder Stimmungsschwankungen führen.

Thema für uns hier ist es, dass Sie in nervigen Situationen souverän (re)agieren. Wenn Sie bei diesen grundlegenden Faktoren Verbesserungspotenzial sehen, gehen Sie das bitte unabhängig davon an. Manchmal reicht es, regelmäßig zu essen, um weniger genervt zu sein – ich spreche aus eigener Erfahrung.

Nun gehen wir zum praktischen Teil über: Sie erhalten ganz konkrete und vielfältige Empfehlungen, wie Sie mit den unterschiedlichsten Nervsituationen und -typen umgehen können.

2. Sie werden zugetextet

In Gesprächen zugeschwallt zu werden, ist ganz schön anstrengend. Aber es gibt auch nervigere Varianten: Wenn Sie zum Zuhörstatisten gemacht werden oder es mit einem dieser Gesprächsumlenker zu tun haben, die es irgendwie schaffen, sich zum Mittelpunkt jeden Gesprächs zu machen, auch wenn Sie gerade noch über die wirtschaftspolitische Situation in Sibirien gesprochen haben.

Sie erfahren,
- wie Sie jemanden unterbrechen, ohne unhöflich zu sein,
- wie sich so ein Vielredner lenken lässt
- und natürlich, wie Sie sich dieser Zutexterei entziehen können.

Absolute No-nos

- **Stumm sein und hin und wieder „M-hm" sagen oder nicken.** Das animiert Ihr Gegenüber nur dazu, weiterzumachen: Zum einen, weil Sie sich als dankbares Publikum entpuppen, zum anderen, weil Sie offenbar sehr interessiert sind und unbedingt mehr hören möchten. Das gilt übrigens auch für Telefongespräche.
- **Ein steinernes Gesicht aufsetzen** in der Hoffnung, der andere merkt, dass er jetzt aufhören sollte. Das ist aus drei Gründen eine schlechte Idee: Jemand, der nur reden möchte, kann mit Ihrem ausdruckslosen Gesicht wunderbar leben. Wer viel redet, weil er verunsichert ist, wird noch mehr verunsichert, wenn er nicht ablesen kann, woran er ist. Und: Sie machen sich davon abhängig, dass Ihr Gegenüber errät, dass Sie etwas nicht möchten, und das ist nie eine gute Idee.

- **Den anderen mit den gleichen „Waffen" schlagen wollen.** Ebenfalls plötzlich nonstop losreden oder nur über sich selbst erzählen, in der Hoffnung, der andere „merkt schon, wie das ist", macht Sie ebenfalls davon abhängig, dass der andere sensibel für Ihre Botschaft ist. Gespräche ufern aus und führen letztlich zu gar nichts mehr, weil keiner von beiden zielgerichtet vor- und auf den anderen eingeht.

Der andere redet
ohne Punkt und Komma

*„Im Seminar letztens hat der Trainer auch gesagt dass viele Füh-
rungskräfte einfach nicht damit klarkommen wenn sich Mitarbeiter
untereinander streiten die halten sich dann einfach raus hast du das
auch schon erlebt dass manche Chefs einfach immer irgendwie sagen
nee nee wir sind alle erwachsen das machen Sie schön unter sich aus
dabei ist gerade das doch eine Führungsaufgabe oder ich mein das
ist ja nicht mal ein Lehrberuf Führungskraft ich sag ja immer da
wird Hinz und Kunz heute Chef und die haben gar keine spezielle
Ausbildung dafür aber fürs Autofahren da braucht man einen Füh-
rerschein laberschwafel"*

Das kann nicht nur richtig lästig sein, sondern auch schwierig:
Gerade wenn Ihr Gesprächspartner rhetorische Fragen stellt, Ihnen aber keinen Raum für die Antwort lässt. Das ist ärgerlich,
macht Sie vielleicht sogar richtiggehend aggressiv – vor allen Dingen aber ist es eine Quelle von Missverständnissen. Das ist besonders im beruflichen Kontext schwierig. Wenn Sie sich jetzt zurückziehen, auf Durchzug schalten oder einfach das Gefühl haben, gar
keine Rückfrage stellen zu *können*, dann sind Missverständnisse
und Fehler fast schon vorprogrammiert.

*Lieber nicht auf
Durchzug schalten*

Cool bleiben im Umgang mit Vielrednern

Manche Menschen halten gerne Monologe. Doch nicht immer
handelt es sich um Selbstdarsteller. Leute, die zu viel reden, sind –
man glaubt es kaum – oft einfach unsicher: Sie glauben, immer
noch einen draufsetzen zu müssen, um ihren Worten mehr Gewicht zu verleihen, oder haben Angst davor, wie der andere mit
ihren Ansichten umgehen könnte. Und es gibt Menschen, die sehr
unstrukturiert denken. Stellen Sie sich einen Flipper vor: Ständig
prallt die Kugel irgendwo ab und saust in eine andere Ecke. Wenn
ein Gedanke wie eine Flipperkugel hin- und herschießt, kommt so

*Unterschiedliche
Motive beachten*

ein unkoordinierter Redeschwall zustande. Lassen Sie Raum für diese beiden Möglichkeiten. Denn mit Unstrukturiertheit oder Unsicherheit kommen Sie innerlich besser klar, als wenn Sie sich als Zuhörer missbraucht fühlen.

Strategien zum Umgang mit Vielrednern

Unterbrechen Sie ruhig!

Unterbrechen auf höfliche Weise

Eine Unterbrechung ist nicht per se unhöflich, außer Sie fallen der anderen Person auf grobe Weise ins Wort. Nehmen wir an, Sie würden sich gern unterhalten, aber der Redeschwall ist einfach zu viel. Dann können Sie genau das sagen:

„Hui, das war jetzt etwas viel auf einmal!"

Idealerweise mit einer Überleitung auf eine konkrete Frage, die zeigt, dass Sie interessiert sind, und die gleichzeitig Struktur reinbringt. Das geht auch augenzwinkernd:

„Immer langsam mit den jungen Pferden! ... (lächeln) ... was ist genau mit den Führungskräften, die sich raushalten?"

Nun kann es sein, dass hinter dem Redeschwall ein anderes Problem steckt. Sehr häufig, das kennen Sie vielleicht von sich selbst auch, reden wir über ein Thema, das uns selbst betrifft, in allgemeiner Form. Wenn Sie eine entsprechende Vermutung haben, sprechen Sie es an:

„Du bist ja ganz schön aufgeregt! Das ist mir jetzt alles etwas schnell gegangen, es hört sich aber an, als ob du mit deinem Chef Probleme hättest ..."

Durch dieses Stichwort führen Sie das Gespräch auf eine klare Bahn. Der Gesprächspartner kann nun dort anknüpfen, auch wenn Ihre Vermutung nicht ganz richtig gewesen sein sollte.

Wenn Sie sich absolut nicht mit dem anderen unterhalten möchten oder wenn klar ist, dass eine Grundsatzdiskussion entsteht, können Sie unterbrechen, indem Sie auf das Thema eingehen und es gleichzeitig beenden:

Auf ein Thema eingehen mit Themenwechsel

„Ja, Vorgesetzter zu sein ist eine komplexe Angelegenheit, der nicht jeder gerecht wird."

Dann schließen Sie sofort einen Themenwechsel an: *„Eine andere Sache: Hat Herr Meier die Unterlagen zum Projekt X schon geschickt?"*

Sie können einen Riegel vorschieben: *„Für dieses Thema habe ich gerade keinen Kopf."*

Oder wenn es eine philosophische Diskussion zu irgendeiner Sache ist: *„Das werden wir an dieser Stelle nicht lösen können."*

Nutzen Sie Körpersprache

Nicht immer fühlt man sich damit wohl, jemandem ins Wort zu fallen, oder bekommt gar keine Gelegenheit, weil der Gesprächspartner nicht einmal zwischendurch Luft holt. Setzen Sie einfach Ihre Körpersprache ein: Machen Sie ein Gesicht, dem man ansieht, dass Sie gerade anheben etwas zu sagen (etwa: hochziehen der Augenbrauen, heben des Kopfes, öffnen des Mundes). Halten Sie einen Zeigefinger in die Höhe oder strecken Sie die Handflächen nach vorne aus, damit klar ist, dass Sie etwas sagen wollen.

Mit Mimik und Gestik das Wort erobern

Halten Sie Ihre Antworten kurz, an den „nackten Fakten"

Wenn Sie nicht unterbrechen möchten oder Ihre Unterbrechungen nicht fruchten, dann seien Sie kein dankbarer Zuhörer. Bleiben Sie höflich, aber geben Sie Ihrem Gesprächspartner keine weiteren Gelegenheiten einzuhaken. Das heißt: Gehen Sie nicht auf das Gesagte ein und halten Sie Ihre eigenen Antworten kurz.

Freundliche Einsilbigkeit

- *„Das kann problematisch sein."*
- *„Nicht jeder ist eine Führungskraft."*

Aber nicht schnippisch oder belehrend werden! Ersticken Sie das Gespräch durch freundliche Einsilbigkeit.

Strukturieren Sie das Gespräch durch gezielte Fragen

Unterbrechen erlaubt

Manchmal geht es um etwas Wichtiges. Vielleicht möchten Sie einen Kunden gewinnen und hinter so einem Redeschwall stecken wichtige Informationen, um ein Angebot zu machen. Oder ein Kollege, mit dem Sie regelmäßig zusammenarbeiten, neigt zum Vielreden. Hier sind Fragen Ihr wichtigster Verbündeter. Unterbrechen Sie – besonders auch mit Hilfe von Körpersprache – und stellen Sie klare Fragen, die den Gesprächspartner auf Kurs halten. Die Fragen sollten idealerweise geschlossene Fragen sein, auf die der andere mit „Ja" oder „Nein" antwortet, oder so konkret gehalten werden, dass die Antwort passgenau gegeben werden muss.

Der andere redet nur von sich

„Super, dass du nichts dagegen hast, dass ich im September vier Wochen am Stück nehme. Wir wollen ja nach Australien, und da muss man einfach länger fahren! Ich freu mich schon so!"
„Ja, das lohnt sonst nicht. Australien ist bestimmt schön, allerdings könnte ich niemals so lange fliegen. Da hätte ich ja auch Angst vor der Thrombosegefahr. Meine Venen sind auch nicht mehr die besten …"

Eben ging es noch um Ihren Traumurlaub, jetzt geht es um die maroden Venen Ihrer Kollegin. Manche Menschen biegen ständig die Themen auf sich um. Das geht oft so weit, dass kein normales Gespräch möglich ist, weil immer sofort ein „Ich finde …", „Bei mir ist das so …" oder „Das kenne ich auch …" kommt.

Cool bleiben im Umgang mit dem Von-sich-Redner

Hier helfen weder philosophische Fragen wie „Was geht in solchen Leuten nur vor?" noch Eingeschnapptheit: „So ein blöder Ignorant." Manchmal haben Sie es tatsächlich mit einem Narzissten zu tun, der von der angenommenen oder tatsächlichen Bewunderung anderer lebt, oft aber handelt es sich um einen Aufmerksamkeitsjunkie, der ständige Bestätigung braucht. Es kann aber auch sein, dass Ihr Gegenüber einfach nervös oder übervorsichtig ist.

Fühlen Sie sich nicht gleich zurückgewiesen: „Er / Sie hat gar kein Interesse an mir!", „Ich will auch mal angehört werden!", „Nie geht es um mich!". Das macht nur die innere Barriere größer und entfernt Sie vom anderen. Das wäre schade, denn vielleicht liegt Ihnen an der Beziehung eigentlich schon sehr viel, Sie wünschen sich nur einen ausgewogeneren Austausch. Wenn Sie in Ihrem Umfeld solche Von-sich-Redner haben, beobachten Sie sich einmal selbst: Bringen Sie eigene oder allgemeine Themen überhaupt ein? Oder ziehen Sie sich total zurück, so dass der andere das Gespräch am Laufen hält?

Kein Rückzug!

Strategien zum Umgang mit dem Von-sich-Redner

Führen Sie sofort auf das eigene Thema zurück

Das Gespräch zurückholen

Wenn es sein muss, auch mehrmals! Das heißt: Sie bleiben einfach auf Kurs. Unsere Urlauberin im Beispiel würde das neu eingebrachte Thema überhören und da anknüpfen, wo sie gerade aufgehört hat: Bei ihrem Traumurlaub.

„Ich habe mir schon als Kind gewünscht, ans Ende der Welt zu fliegen, weil ..."

Wenn Sie das jetzt als unhöflich empfinden, weil Sie bei dieser Erwiderung nicht auf den Gesprächspartner eingehen, können Sie es auch kurz aufgreifen, dann aber ohne weitere Umschweife zurückführen:

„Ja, der Flug ist schon lange, aber er wird sich lohnen! Australien ist einfach ..."

Auf keinen Fall dürfen Sie den Fehler machen, inhaltlich auf die neuen Themen einzugehen. Sobald Sie die Thrombose aufgreifen, haben Sie die Zügel aus der Hand gegeben und entfernen sich komplett von Ihrem eigenen Thema. Sagen Sie es, wenn Sie gerne von Ihrem eigenen Thema erzählen wollen.

„Ja, lange fliegen mag nicht jeder. Ich würde dir total gerne etwas mehr von meinem Urlaub erzählen. Ich bin schon ganz aufgeregt, weil ..."

Beziehen Sie den anderen ein

Eine Frage stellen

Wenn Sie mit dem anderen gerne darüber sprechen möchten, stellen Sie eine Frage – zu einem Thema, das Sie ehrlich interessiert. Vielleicht haben Sie sich tatsächlich schon Gedanken über die lange Flugzeit gemacht. Dann können Sie darauf eingehen, aber ein Thema herstellen, das Sie selbst auch interessiert:

„Ja, der Flug ist sehr lange. Ich habe mir schon Gedanken gemacht, zum Beispiel bräuchte ich noch so ein Nackenkissen. Gibt's das im Kaufhaus, weißt du das?"

Lassen Sie das Gespräch auslaufen

Wenn Sie mit dem anderen nicht reden wollen, ist das die geeignete Taktik. Das geht am besten mit einsilbigen und neutralen Antworten, bei denen der andere nicht weiter einhaken kann. Wenn Sie nicht ganz so abrupt enden wollen, können Sie noch einen freundlichen Dank anhängen.

- *„Ja, Langstreckenflüge sind nicht jedermanns Sache."*
- *„Ja, Langstreckenflüge sind nicht jedermanns Sache. Danke dir, dass das mit unserer Urlaubsplanung klappt. So, und jetzt muss ich gleich meinem Schatz die frohe Botschaft verkünden!"*

Sprechdurchfall:
Da kommentiert einer alles

- *„Also wenn ich Kinder hätte …"*
- *„Wenn ich du wäre …"*
- *„Das hätt' ich dir gleich sagen können!"*

Bei Leuten, die immer und überall irgendeinen Kommentar ablassen müssen, wünscht man sich schon mal nach Dieter Nuhr: „Wenn man keine Ahnung hat, einfach mal die Fresse halten!"

Cool bleiben im Umgang mit dem Kommentierer

Einfach durchlaufen lassen Fragen Sie sich: Warum stört mich das überhaupt? Sie könnten so einen Kommentar ja auch einfach „durchlaufen" lassen. Im Alltag tun wir das dauernd: Es regt uns nicht alles auf. Aber bestimmte Kommentare oder Menschen machen uns verrückt. Wenn Sie ergründen, warum gerade diese Person oder diese Art von Kommentar Sie so aufregt, können Sie gelassener reagieren. Worum geht es also? Gibt Ihnen die Person das Gefühl, unterlegen oder gar dumm zu sein? Treffen die Kommentare einen wunden Punkt, etwa etwas, mit dem Sie auch schon nicht zufrieden waren? Haben Ihre Eltern diese Gewohnheit und Sie haben es einfach satt? Oder sind Sie selbst jemand, der die Komplexität der Dinge erkennt und darum lieber schweigt, als etwas Unqualifiziertes zu sagen?

Einen Kommentierer davon zu überzeugen, dass er keine Ahnung hat und sich zurückhalten soll, wird schwierig – vor allen Dingen ist es das Gegenteil von Gelassenheit, weil die Situation dadurch eskalieren wird. Akzeptieren Sie bis zu einem gewissen Grad, dass ein Kommentar kommen wird. Wenn es inhaltlich etwas ist, das Ihnen nützt, können Sie sich entscheiden, darauf einzugehen. Wenn Sie den Kommentar blöd finden, gehen Sie nicht darauf ein – und müssen sich auch keine großen Gedanken darüber machen. Und wenn es Ihnen ums Prinzip geht und Sie es peinlich oder nervtötend finden, wie sich der andere verhält, können Sie sich auch sagen: „Zum Glück bin ich nicht so.“

Strategien zum Umgang mit dem Kommentierer

Gehen Sie inhaltlich auf den Kommentar ein

Manchmal sagt so ein Kommentierer sachlich etwas Hilfreiches, nur die Art, wie er etwas einleitet, macht Sie wahnsinnig. In diesem Fall geht es darum, diese Einleitung einfach nicht weiter zu beachten, sondern inhaltlich auf den Kommentar einzugehen. Angenommen, Sie erzählen einem Kollegen, dass Sie im Italienurlaub beklaut worden sind. Er sagt:

Wenn das „Wie" das Problem ist

„Das hätte ich dir gleich sagen können. In Rom ist Taschendiebstahl an der Tagesordnung.“

Wenn Sie mit dem Kollegen über Ihr Urlaubserlebnis sprechen wollen und sich jetzt gerade über das „Hätte ich dir gleich sagen können" ärgern, dann gehen Sie nur auf den Inhalt ein.

„Ja, gehört hatten wir davon auch schon. Darum hatten wir uns extra so Umhängegeldbeutel besorgt …“

Nennen Sie Ihren eigenen Standpunkt

Sie können den anderen auf elegante Weise „auflaufen" lassen, ihm also zeigen, dass er zu oberflächlich auf ein Thema blickt, ohne überheblich zu wirken und ohne ihn das Gesicht verlieren zu lassen. Das geht, indem Sie Ihren Standpunkt in der Ich-Form sagen:

Zeigen Sie dem anderen seine Oberflächlichkeit

- *„Ich finde das Thema zu komplex, um darüber zu diskutieren.“*
- *„Ich möchte nicht Politiker sein. Beim Thema Krankenversicherungen spielt eine Menge mehr rein, ganz abgesehen davon, dass solche Gelder auch irgendwo herkommen müssen.“*
- *„Ich kann mir da kein Urteil erlauben, da ich zu wenig fachliche Details über diese Thematik habe.“*

Auf diese Weise zeigen Sie, dass die Thematik komplexer ist, schieben einen Riegel vor eine Diskussion und sagen dem anderen auf souveräne Weise: „Du betrachtest das Thema zu oberflächlich. So einfach, wie du das gerade kommentierst, ist es nicht." Ich habe übrigens schon oft erlebt, dass Gesprächspartner daraufhin stutzten und meinten: „Stimmt eigentlich. So einfach ist die Sache gar nicht."

Stellen Sie es richtig

Du bist nicht ich Besonders, wenn jemand auf der „Wenn ich du wäre"- oder „Wenn ich xy hätte"-Schiene fährt, kann einen das ganz schön auf die Palme bringen. Ärgern Sie sich darüber erst gar nicht, sondern stellen Sie es freundlich und sachlich richtig: „Du bist nicht ich …", „Du hast keine Kinder …" Wichtig ist hier, dass Sie kein Aber einflechten und dass Sie sofort zum eigentlichen Thema überleiten.

Vergleichen Sie:
- *„Du bist aber nicht ich!"*
- *„Du hast aber keine Kinder!"*

So etwas klingt grob, ist zurückweisend und kann Streit entfachen. Auch darf jemand, der nicht in derselben Situation ist, durchaus eine Meinung dazu haben, hat vielleicht sogar einen sehr guten Rat. Führen Sie lieber sachlich auf das Thema zurück, das Sie besprechen möchten.

- *„Du bist nicht ich. Mir ist in der Situation wichtig, dass …"*
- *„Du hast keine Kinder. In der Theorie …"*

Beenden Sie das Gespräch

Kommentar überhören Die einfachste Variante ist es, den Senf, den der Kommentierer dazugibt, einfach zu überhören. Wenn Sie etwas gefragt werden, sollen Sie es natürlich nicht einfach ignorieren. Lässt jedoch jemand einfach irgendeinen Allgemeinplatz fallen, ein Sprichwort oder ein Wenn-ich-du-wäre-Statement, dann können Sie es auch einfach überhören und das Gespräch entweder damit auslaufen lassen oder ihm durch einen Themenwechsel eine andere Richtung geben.

Achten Sie auf Ihre Körpersprache! Kontraproduktiv sind sichtbare Reaktionen wie Augenrollen (besonders auch vor anderen), Gesicht verziehen, Finger verkrallen. Vorsicht: Nicht immer merkt man diese körperlichen Reaktionen selbst.

Vermeiden Sie es auch, sich zu rechtfertigen oder den anderen anzuklagen. Das ist unsouverän und führt nur dazu, dass die Sache eskaliert. Wenn jemand, der Ihnen näher steht, Sie ständig mit besserwisserischen Kommentaren nervt und es vielleicht sogar dauernd deswegen Streit gibt, dann sprechen Sie mit ihm. Aber nicht, wenn Sie sich gerade ärgern, sondern wenn Sie ruhig und gelassen sind.

Rechtfertigen
bringt nichts

Laaangweilig!
Wer will das wissen?

„Gestern Abend hab ich mir dann auf dem Rückweg noch 200 Gramm Wurstsalat gekauft. Den Schweizer mag ich am liebsten. Und zwei Scheiben von dem Leberkäse. Den mag mein Mann so gerne. Das ist dann abends ja schön unkompliziert. Wir essen da immer gerne kalt zur Tagesschau. Brot haben wir eh immer eingefroren, das ist dann im Toaster ruckzuck aufgetaut und das schmeckt echt wie frisches Brot. Da merkt man gar keinen Unterschied, wenn es aus der Gefriertruhe kommt ...“

Kennen Sie Leute, die haarklein irgendwelche Alltagsgeschichten erzählen, die keinerlei Pointe haben? Das Schlimmste: Der Langweiler merkt es nicht! Oder Sie haben es ihm schon hundertmal gesagt, aber er macht trotzdem immer weiter?

Cool bleiben im Umgang mit Langweilern

Niemand spricht nur über Relevantes — Für alle Gesprächssituationen in diesem Buch gilt: Packen Sie sich auch an der eigenen Nase! Hören Sie sich mal selbst einige Tage zu. Kein Mensch sagt den ganzen Tag wahnsinnig spannende Dinge! Wenn Sie sich selbst zuhören, werden Sie sicherlich auch manchmal Mitleid mit Ihren Gesprächspartnern haben. ☺

Abgesehen davon sind Gespräche nicht nur Informationsträger, sondern dienen vor allen Dingen der Beziehungspflege: Denken Sie an das typische Smalltalkgespräch. Interessieren sich die Gesprächspartner wirklich gerade für das Wetter oder den Anfahrtsweg? Natürlich nicht! Sie nähern sich an und führen auf angenehme Weise zum eigentlichen Thema.

Viele Langweiler suchen Aufmerksamkeit. Sie haben das Gefühl, nicht wahrgenommen zu werden (und werden es manchmal auch nicht, leider gerade weil sie oft so viel plappern). Und um das zu überbrücken, erzählen sie anderen von sich.

Strategien im Umgang mit Langweilern

Seien Sie kein dankbarer Zuhörer!

Gehen Sie niemals auf Dinge ein, die Sie nicht interessieren! Übrigens: „Darauf eingehen" bedeutet auch, einfach zu schauen, zu nicken, „Pseudo-Achjas" oder „M-Hms" von sich zu geben. All das gibt dem anderen nicht nur Raum zum Weiterreden, sondern es signalisiert Interesse und ermutigt damit zu weiteren Details.

Wenn Sie jemand sind, der oft mit solchen Belanglosigkeiten behelligt wird, dann haben Sie sich sicher schon oft gewundert, warum immer Sie. Andere Leute aus Ihrem Umfeld werden gar nicht angesprochen, geschweige denn in solche Endlosgeschichten hineingezogen. Der Grund ist ganz einfach: Das sind keine Zuhörer! Im Büro beispielsweise sind sie zu längeren Schwätzchen erst gar nicht bereit, signalisieren das auch nicht durch ihre Körpersprache. Wenn jemand mit Privatgeschichten anfängt, ziehen sie sich zurück oder weisen darauf hin, dass sie jetzt Sache X zu erledigen haben. Wohlgemerkt: nicht auf unhöfliche Weise! Sie bleiben freundlich, verbindlich, sind jedoch eher kurz angebunden und niemals empfänglich für ausgiebige Schwätzchen.

Nicht zum Belabern einladen

Machen Sie das Thema für sich interessant

Vielleicht ist eine Sache an sich für Sie interessant, nur die Ausschmückungen oder Nebensächlichkeiten nerven. Dann steuern Sie! Durch Fragen oder indem Sie dem Gespräch durch ein eigenes Statement die Wendung geben, die Sie bevorzugen.

Das Gespräch steuern

Sind Sie durchaus zum Plaudern aufgelegt, haben nur keine Lust über den minutiösen Privatkram der Kollegin zu sprechen, gilt das Gleiche: Führen Sie das Gespräch auf eine Spur, die Sie interessiert. Aber nicht mit einem unvermittelt dagegengesetzten Thema, denn das wäre nicht besonders höflich, sondern haken Sie an einer

Stelle ein, die für Sie ebenfalls relevant ist. In unserem Beispiel spricht die Kollegin von ihrer Angewohnheit, während der Tagesschau zu essen. Vielleicht ist das gerade auch ein Aspekt, der Sie selbst betrifft:

„Ich gewöhne mir gerade an, nicht mehr vor dem Fernseher zu essen, weil man ja überall liest, dass der Körper das dann nicht mehr so gut verwertet und man schneller zunimmt."

Oder wechseln Sie mit einer vorgeschalteten Ankündigung das Thema, dann fühlt sich Ihr Gesprächspartner nicht einfach abgeblockt.

„Du, was ich dich fragen / was ich dir erzählen wollte …"

Machen Sie das Gespräch lebendig!

Eigenen Redeanteil erhöhen

Manchmal liegt es auch an Stimme und Sprechweise, dass es unerträglich langweilig ist, jemandem zuzuhören: Die ewig gleiche Tonlage oder schlaftablettenhaftes Reden nimmt schnell jegliche Konzentration. Man kann zwar an Stimme und Sprechweise arbeiten, aber Sie können ja nicht jedem Ihrer Gesprächspartner sagen: „Hör mal, deine Stimmlage ist so monoton, mach mal Stimmbildungstraining!" Geben Sie guten Bekannten aber bitte schon entsprechendes Feedback, oft merkt man es selbst nicht oder weiß nicht, dass man etwas daran ändern kann.

Wenn Sie mit jemandem sprechen, bei dem Sie aufgrund der Sprechweise Mühe haben zu folgen, ist es wichtig, dass Sie das Gespräch möglichst lebendig halten und das bedeutet: so viel Dialog wie möglich und so wenig Monolog wie nötig. Zuhören wird nur dann anstrengend, wenn der andere mehr Redeanteil hat. Wenn Sie das Gespräch *mit*gestalten, indem Sie Ihren eigenen Redeanteil erhöhen oder immer wieder eine Frage stellen, kommt Leben ins Gespräch.

Machen Sie einen Aufmerksamkeits-Check

Manchmal wird man besonders ausdauernd von jemandem belagert: „Jetzt bin ich schon so einsilbig, aber die schnallt offenbar nicht, dass mich das nicht interessiert! Was soll ich denn noch machen?" Genau dieses Einsilbigsein ist oft das Problem.

Dem anderen genug Aufmerksamkeit schenken

Wenn sich jemand nicht angenommen oder gar ignoriert fühlt, dreht er oft noch mehr auf: Er versucht, einen Zugang zu Ihnen zu bekommen oder irgendein Signal der Aufmerksamkeit. In solchen Fällen kann es sein, dass Sie immer weiter zurückgehen und der andere als Folge darauf immer weiter auf Sie zugeht.

Wenn Sie gerade in so einer Situation sind: Achten Sie mal darauf, die andere Person deutlicher wahrzunehmen und – in Bereichen, die Sie anerkennenswert oder besprechenswert finden – auch Rückmeldung zu geben. Oft ebbt dann die Flut von „Anplaudereien" plötzlich ab.

Uninteressant!
Geschichten fremder Leute

„Der Schwager von meiner Arbeitskollegin hat so Schwierigkeiten mit seinem Chef! Was sie immer erzählt, was er im Büro so mitmacht! Da hat zum Beispiel letztes Mal jemand aus dem Außendienst in dieser Firma einen Termin verpatzt und dann hat der Schwager von der Arbeitskollegin …"

Sie kennen die Arbeitskollegin nicht. Sie kennen den Schwager nicht. Und welche Schwierigkeiten diese fremden Leute mit ihrem Chef haben, das ist Ihnen sowas von egal!

Cool bleiben im Umgang mit Fremdgeschichtenerzählern

Bedeutung für den Gesprächspartner

Machen Sie sich klar, dass für den anderen die Geschichte von Belang ist,

- weil er die Personen kennt,
- weil die Anekdote zu einem gerade mit Ihnen geführten Gespräch passt,
- weil im eigenen Leben gerade nichts Erzählenswertes vorgefallen ist,
- weil das, was diesen Leuten passiert, eine Relevanz hat: für ihn selbst oder – wie er meint – für Sie.

Anstatt also einfach wegzuhören oder sich darüber aufzuregen, dass irgendwelche Fremdgeschichten zum Besten gegeben werden, ist es gut, genauer darauf zu achten, welchen Inhalt diese Geschichte hat.

Strategien zum Umgang mit Fremdgeschichtenerzählern

Gehen wir zunächst auf Plaudersituationen ein: Ihr Gesprächspartner erzählt gewohnheitsmäßig von seinen Nachbarn oder anderen Leuten, die Sie nicht kennen. Sie möchten sich gerne mit ihm unterhalten, aber eben nicht über diese Fremdanekdoten.

Gezielt nach Themen fragen, die die Person selbst betreffen

Wenn Sie gerade schon über etwas gesprochen haben, dann führen Sie die Person zu sich selbst zurück:

„Du interessierst mich!"

„Mich würde interessieren, ob du in puncto X schon Erfahrungen gemacht hast."

Oder greifen Sie die Thematik auf und führen Sie sie auf ein eigenes – oder gemeinsames – Erlebnis zurück und schon ist es wieder relevant.

Sagen Sie, was Sie mehr interessiert!

- *„Ich kenne diese Leute gar nicht, darum finde ich das nicht so interessant. Für dich ist das anders, weil du einen Bezug hast. Mich würde interessieren ..."* (dann dem anderen eine Frage stellen, die Sie interessiert)
- *„Ich unterhalte mich gerne mit dir. Am liebsten spreche ich über Dinge, die dich selbst betreffen. Denn zu diesen anderen Leuten habe ich so gar keinen Bezug, weil ich sie nicht kenne und sie mir dadurch auch egal sind."*

Oder lenken Sie das Gespräch einfach auf eine andere Spur, entweder durch eine Frage oder durch eine Überleitung auf etwas, das Ihnen geschehen ist oder das Sie gerne erzählen / worüber Sie gerne sprechen möchten.

Nun gibt es Geschichten, die man selbst als indiskret empfindet – auch wenn man die Leute, denen sie passiert sind, gar nicht kennt. Man möchte irgendwie keine intimen Details erfahren und über Eheschwierigkeiten oder Krankheiten anderer Leute reden. Ganz

Peinlich berührt?

abgesehen von der Möglichkeit, dass der Gesprächspartner vielleicht die Details, die man ihm selbst anvertraut, ebenfalls an andere weiterträgt. Sagen Sie in diesem Fall, dass Sie darüber nicht reden möchten. Konkrete Beispiele, wie Sie das tun können, finden Sie auf S. 54 und 120 – Lästern etc.).

Einstieg in persönliche Anliegen Es ist jedoch wichtig, bei Fremdgeschichten auf den Inhalt zu hören und nicht gleich zu denken: „Mann! Wieder so eine Sache von wildfremden Leuten." Besonders, wenn Themen vermeintlich aus dem Nichts kommen oder wenn jemand immer wieder auf ein bestimmtes Thema zurückkommt, ist das nicht nur Plauderei.

> Seien Sie aufmerksam! Oft bringen gute Freunde bei einem belastenden Thema eine Fremdanekdote, anstatt direkt zu sagen: „Hier habe ich Sorgen!" oder „Da belastet mich etwas sehr".

Je nachdem, wie eng Sie mit der anderen Person verbunden sind, können Sie direkt nachfragen: „Macht dir das ebenfalls Sorgen?" oder Sie reden einfach über diese fremde Geschichte etwas intensiver: Manchmal rückt der andere mit der Sprache raus.

Hand aufs Herz:
Sind Sie am Ende selbst
ein Zutexter?

Es ist ganz normal, dass wir selbst auch das eine oder andere Ver- | **Eigenen**
halten zeigen, das uns an anderen nervt. Und oft wissen wir das | **Angewohnheiten**
(pssst: Manchmal nervt es uns ganz besonders bei anderen, weil | **auf die Schliche**
wir die Angewohnheit an uns selbst nicht leiden können). Kreu- | **kommen**
zen Sie doch einmal an, wo Sie sich wiedererkannt haben:

Angewohnheit	Hilfe, das mache ich ja selbst ständig!	Kommt hin und wieder vor
Ohne Punkt und Komma reden (S. 31)		
Oft von mir selbst sprechen (S. 35)		
Immer einen Kommentar abgeben (S. 38)		
Langweilen mit Alltagsstorys (S. 42)		
Geschichten fremder Leute erzählen (S. 46)		

Wenn Sie sich mit einer dieser Angewohnheiten selbst nicht so gut
fühlen, dann setzen Sie sich gemütlich bei einem Glas Wein und
mit einem Block bewaffnet auf die Couch und überlegen Sie einmal schriftlich, warum das so ist.

Warum ist das so?

Erkenntnis
der Ursachen
hilft weiter
Also warum erzählen Sie oft Geschichten anderer Leute? Wieso plappern Sie immer weiter und nehmen keine Notiz vom anderen? Überlegen Sie nicht lange, sondern schreiben Sie einfach mal alles auf, was Ihnen dazu in den Sinn kommt. Schreiben Sie ruhig spontan, zum Beispiel: „Ich finde es selbst total nervig an mir und oft ärgere ich mich über mich selbst, dass ich nie meinen Mund halten kann, weil … Ich denke, dass andere …" Das Bewusstsein, dass Sie etwas tun, und die Erkenntnis, warum das so ist, gibt Ihnen oft schon erste Antworten darauf, wie Sie damit umgehen können. Darum ist das Aufschreiben so wichtig!

Wenn Sie Zutexter-Tendenzen haben, dann probieren Sie Folgendes einmal aus:

Einfach mal den Mund halten

Unnötiges
weglassen
Das klingt jetzt grob, aber das soll es nicht sein. Es geht tatsächlich darum, dass Sie üben, im Alltag einfach mal etwas nicht zu sagen, was Sie normalerweise sagen würden. Sie haben bei all den verschiedenen Zutexter-Varianten gesehen, dass es ein Leichtes ist, Unnötiges wegzulassen. Sie brauchen also keine Angst zu haben, dass etwas Wichtiges ungesagt bleibt. Es geht darum, dass Sie sich den einen oder anderen Kommentar verkneifen, mal nicht gleich ein eigenes Thema draufsetzen, einmal nur eine Antwort geben, ohne sie auszuschmücken.

Nehmen Sie sich vor, in den nächsten Tagen jeweils zweimal etwas nicht auszusprechen, was Sie sonst sagen würden. Damit übernehmen Sie sich nicht. Sie gewöhnen sich daran, dass Sie nicht überall ausschweifend sein müssen. Und vor allen Dingen werden Sie stolz auf sich sein, an Ihren Kommunikationsfähigkeiten zu arbeiten. Freuen Sie sich innerlich über jedes Mal, wo Ihnen das gelungen ist. Und ärgern Sie sich nicht, wenn Sie in ein altes Muster verfallen sind, sondern registrieren Sie es einfach freundlich: „Aha, jetzt habe ich es gerade wieder gemacht."

Unterbrechen Sie sich selbst

Sie können jederzeit eine Sache selbst abkürzen oder das Thema wechseln. Das ist das Schöne an der Tendenz, andere zuzutexten: Sie können sich korrigieren, auch wenn Sie schon mittendrin sind. Der andere wird es gar nicht merken, wenn Sie sich selbst unterbrechen, sondern es auf jeden Fall als angenehm wahrnehmen, wenn Sie sich ihm zuwenden (oder ihm seine Ruhe lassen).

Korrektur jederzeit möglich

Interessieren Sie sich für Ihr Gegenüber

Sie selbst wissen, was Sie sagen werden. Sie kennen Ihre Meinung, Sie kennen Ihre eigenen Geschichten. Das ist für Sie also alles höchst unspannend. Viel interessanter ist das, was Ihr Gegenüber zu sagen hat! Öffnen Sie sich für neue Anekdoten, Informationen und andere Meinungen. Sie müssen sie nicht zu Ihren machen.

Offen für andere Meinungen

3. Sie möchten nicht darüber reden

Es gibt Dinge, über die will man einfach nicht reden: generell nicht oder eben nicht mit diesem Gesprächspartner. Das können harmlose, aber unerquickliche Themen sein, etwa wenn Sie keine Lust haben, über Politik zu diskutieren. Es kann aber auch sein, dass jemand mit Ihnen über Dritte sprechen möchte. Vielleicht haben Sie auch Probleme und es wäre für Sie zu schmerzhaft, darüber zu sprechen. Nicht jedem hilft Reden. Manche Menschen machen die Dinge lieber mit sich selbst aus.

In diesem Kapitel erfahren Sie,
- wie Sie solchen Gesprächen einen Riegel vorschieben, ohne den anderen zu verletzen,
- wie Sie geschickt parieren
- und wie Sie das Thema umlenken können.

Absolute No-nos

- **Einfach einsilbig sein** und hoffen, dass der andere aufhört zu reden. Das ist in erster Linie nicht besonders höflich, der andere könnte sich abgelehnt fühlen oder erlebt Sie als schlecht gelaunt. Je nach Thema kann es auch sein, dass Ihre Einsilbigkeit den anderen darin bestätigt, dass es Gesprächsbedarf gibt und dass er nur hartnäckig genug dranbleiben muss.
- **Sich rechtfertigen.** Wenn man über eine Sache nicht sprechen möchte, hat man manchmal das Gefühl, sich näher erklären zu müssen. Und dann kommt es zu Rechtfertigungen, die Sie völlig unnötig in die Defensive bringen. Sie müssen weder begründen noch sich verteidigen, wenn Ihnen nicht danach ist, über etwas zu sprechen.

- **Diskussionen darüber führen, warum Sie nicht darüber reden wollen.** Lassen Sie sich nie auf Diskussionen über das „Warum nicht" ein, denn dann reden Sie ja doch darüber und stellen darüber hinaus Ihre gesetzten Grenzen in Frage.

Ein Gespräch abblocken, ohne unhöflich zu sein

Thema schlau umgehen Alle Gesprächssituationen, zu denen wir gleich kommen, haben eines gemeinsam: Es kann sein, dass Sie nicht unmittelbar auf Ihren Gesprächspartner oder den Inhalt eingehen, sondern einfach das Gesprächsthema „unbemerkt" umgehen möchten. Ich verrate Ihnen sechs geschickte Wege, auf denen Sie unabhängig von der genauen Situation elegant abblocken:

1.   Überhören Sie gezielt

Sie müssen nicht auf jede Bemerkung eingehen. Wenn jemand also einen beiläufigen Kommentar macht, können Sie diesen auch einfach übergehen, indem Sie schlichtweg nicht darauf reagieren.

> Setzen Sie das Überhören nicht als „Waffe" oder Provokation ein, sonst wirkt es wie ein Affront. Ausnahme ist, wenn Sie das Überhören thematisieren wollen und etwa betonen: „Das habe ich jetzt überhört!"

2.   Antworten Sie knapp am Thema vorbei

Neuen Aspekt des Themas wählen Sie können sich ganz selbstverständlich auf ein Gespräch einlassen, ohne direkt auf das zu antworten, was der Gesprächspartner hören will. Wenn Sie ganz engagiert über das Thema reden, aber über einen anderen Aspekt davon, können Sie steuern, worüber Sie sprechen möchten – und worüber nicht.

> Gehen Sie auf den Gesprächspartner ein und bleiben Sie nah am Thema. Dann wirkt es nicht wie eine Ablenkung.

3.   Geben Sie eine Teilantwort

Eine Variante des „Knapp am Thema vorbei" ist es, eine Teilant-
wort zu geben. Dabei gehen Sie so weit mit dem Gesprächspartner
mit, wie es Ihnen angenehm ist. Entweder lassen Sie es dann dabei
bewenden oder Sie sagen an dieser Stelle, dass Sie nicht weiter darüber sprechen möchten.

Bei Ihrer Antwort sollte schon aus Ihrem Verhalten hervorge-
hen, dass das Gespräch damit für Sie erledigt ist (also etwa:
Stimme senken am Satzende, mit Mimik und Haltung deutlich machen, dass das Thema beendet ist).

4.   Wechseln Sie das Thema

Sie können das Thema ganz beiläufig wechseln – in Kombination
mit der Taktik des Überhörens oder der Teil-Antwort – oder deutlich einen Bruch herbeiführen.

**Elegant
umschwenken**

Ein besonders eleganter Themenwechsel geht auf das eben Gesagte ein, nutzt den Fremdgedanken als Sprungbrett und führt auf ein
eigenes Thema. Auf diese Weise flechten Sie Themenwechsel in
das laufende Gespräch ein. Gute weitere Möglichkeiten für den
Themenwechsel stelle ich Ihnen gleich beim „Ablenkungsmanöver" vor.

Wechseln Sie das Thema nicht abrupt. Denn unser Ziel ist ja,
immer souverän und respektvoll zu bleiben!

5. Starten Sie ein Ablenkungsmanöver

Beim Ablenkungsmanöver, zu dem auch der eben genannte bei-
läufige Themenwechsel gehört, können Sie sich auch folgender
Hilfsmittel bedienen:

- eine Frage stellen
- auf etwas eingehen, das gerade geschieht
- sich an etwas erinnern, das Sie gerade tun müssen oder besprechen wollen

> Nicht demonstrativ ablenken! Das wirkt grob und es kann den
> Anschein erwecken, dass Sie über ein Thema partout nicht
> sprechen wollen. Bei Themen, die Ihren Gesprächspartner
> unmittelbar betreffen, wäre das äußerst kontraproduktiv.

Beispiel: Ein Mitarbeiter fragt seinen Vorgesetzten nach anstehen-
den Kündigungen. Dieser hat Insiderwissen, ist aber noch zur
Verschwiegenheit verpflichtet. Wenn der Chef nun abrupt wech-
selt, fühlt sich der Mitarbeiter zu Recht zurückgestoßen, nicht
ernst genommen und vermutet das Schlimmste.

6. Reden Sie Klartext

Sie können jederzeit Ihrem Gesprächspartner ganz klar sagen,
dass Sie über diese Sache nicht sprechen wollen oder können.
Machen Sie eine knappe, freundliche Ansage – reden Sie nicht um
den heißen Brei herum und diskutieren Sie, wie gesagt, nicht über
die Gründe.

> Auch hier spielen Ihre Mimik und Körpersprache eine wichtige
> Rolle: Denn durch die Kombination Statement + Stimme
> + Körpersprache nimmt man Sie erst wirklich ernst.

Unerwünschter Rat

- *„Also ich denke, du solltest …"*
- *„Meine Schwägerin hatte das auch! Die hat …"*

Manche Menschen sind schnell mit Ratschlägen bei der Hand. Das ist oft gut gemeint, aber nicht immer willkommen.

Cool bleiben im Umgang mit unerbetenen Ratgebern

Vielleicht kennen Sie den Spruch „Das Gegenteil von gut ist gut gemeint" – so krass mögen Sie es vielleicht empfinden, aber der Ratgeber möchte in den meisten Fällen unterstützen. Halten Sie sich das auf jeden Fall vor Augen! Selbst wenn die Motive des Ratgebers nicht so edel sind, hilft Ihnen diese Grundannahme sehr viel mehr, wenn Sie souverän damit umgehen – und darüber hinweggehen können.

Der Ratgeber möchte Ihnen helfen!

Die zweite wichtige Stütze ist Ihre eigene Überzeugung: von der Sache, um die es geht, und von sich selbst. Vertrauen Sie Ihrer eigenen Entscheidungskraft, können Sie mit etwaigen Fehlbeurteilungen konstruktiv umgehen.

Strategien im Umgang mit unerbetenen Ratgebern

Da der Auslöser, warum Sie einen Rat als ungebeten einstufen, ausschlaggebend dafür ist, wie Sie am besten damit umgehen, sind die folgenden Strategien nach dem Grund sortiert:

Sie können die Person nicht leiden

Manchmal blockt man Rat nur ab, weil einem der Ratgeber nicht passt. Damit schneiden Sie sich von wichtigen Erkenntnissen ab. Trennen Sie immer Person von Sache und Ton von Inhalt. Ich weiß, das ist nicht einfach! Aber Sie profitieren viel mehr davon,

Antipathie ist hinderlich

wenn Sie zuhören und besonnen die Spreu vom Weizen trennen. Auch unsympathische Klugscheißer können wertvollen Rat geben oder die Initialzündung für eine gute Idee darstellen. Es ist zudem eine gute Selbstmanagementübung, sich nicht von Antipathien leiten zu lassen.

Sie fühlen sich von oben herab belehrt

Schlechtes Gefühl offen ansprechen

Erinnern Sie sich in solchen Momenten an den Satz von Eleanor Roosevelt: „No one can make you feel inferior without your consent." (Niemand kann dich ohne dein Einverständnis dazu bringen, dich minderwertig zu fühlen.). Sagen Sie klar, was Sache ist. Entweder:

„Ich möchte darüber nicht sprechen."

Wenn Sie nur der Ton stört, sprechen Sie an, wie dieser bei Ihnen ankommt:

„Ich weiß, du möchtest mich unterstützen – allerdings komme ich mir auf diese Weise belehrt vor und kann dann deinen Rat ehrlich gesagt nicht so gut annehmen."

Die Person hat keine Ahnung

Wenn jemand Rat gibt, aber sich nicht auskennt, dann können Sie entweder höflich zuhören, aber den Rat einfach nicht annehmen. Oder Sie können das Gespräch umlenken. Das sind empfehlenswerte Vorgehensweisen, wenn der Ratgeber jemand ist, der Sie unterstützen möchte, aber eben begrenztes Wissen dazu hat.

Bestechen Sie durch Sachlichkeit

Ist es so, dass der Rat einfach „blöd" ist und Ihnen nicht nur nichts nützt, sondern Sie sogar belastet – oder bekommen Sie ihn von jemandem, den Sie in seine Schranken weisen möchten, dann können Sie ihm sachlich aufzeigen, dass er keine Ahnung hat:

„Ah, Sie sagen, dass die Jobchancen im Marketing in den letzten Jahren so gefallen sind? Was meinen Sie genau mit ‚in den letzten Jahren gefallen'? Auf welche Zahlen berufen Sie sich?"

Oder Sie beenden das Thema: *„Ich möchte darüber mit Ihnen nicht reden.“*

Die Person mischt sich überall ein

Zu sagen „Das geht dich nichts an!“ oder „Kehren Sie mal lieber vor Ihrer eigenen Tür!“ wäre grob und lässt Sie unsouverän erscheinen. Es geht Ihnen darum, keinen weiteren unerbetenen Rat dazu zu bekommen, also konzentrieren Sie sich einfach darauf und bleiben Sie freundlich-sachlich, wenn Sie sagen:

- *„Ich brauche keinen Rat, danke.“*
- *„Das ist meine Angelegenheit.“*
- *„Keine Sorge, ich werde dazu eine gute eigene Entscheidung treffen.“*

Sobald Sie den falschen Ton treffen, wirkt es wie ein Angriff!

Es interessiert Sie nicht, was die Person zu sagen hat

Das direkt zu sagen, wäre ein Affront. Eleganter ist es, wenn Sie durch die bereits erwähnten Vorgehensweisen das Thema umlenken oder elegant abblocken (s. S. 54 ff.). Nur, wenn jemand sehr insistent ist und Ihnen seinen unerbetenen Rat immer wieder in den Rachen stopft, sollten Sie sachlich feststellen:

Schlagen Sie niemanden vor den Kopf!

- *„Ich möchte keinen Rat von Ihnen.“*
- *„Ich möchte mich darüber nicht mit Ihnen unterhalten.“*

Der Rat ist pauschal und wertend

Zwingen Sie den Ratgeber, konkret zu werden, indem Sie genauer nachfragen:

„Du meinst, ich soll die Selbstständigkeit aufgeben, weil ich dafür nicht geschaffen bin? Wie meinst du das?“

Seien Sie aufrichtig interessiert! Es ist doch spannend zu hören, wie der Ratgeber zu diesem Urteil kommt. Wenn er gute Gründe anführt, nützen sie Ihnen. Wenn er keine Gründe anführen kann, haben Sie durch die gezielte Frage ein Pauschalurteil als solches entlarvt.

Der Ratgeber misst mit zweierlei Maß und hält sich selbst nicht daran

Die Schere „Theorie und Praxis"

Nur weil jemand etwas selbst nicht tut, heißt das nicht, dass der Rat schlecht ist. Vielleicht traut er sich nur nicht oder ist zu bequem. Hören Sie genau hin: Um welchen Rat handelt es sich?

Wenn Sie sich über dieses zweierlei Maß ärgern, dann sprechen Sie das getrennt an. Wenn der andere wirklich guten Rat gibt, sagen Sie freundlich-feststellend:

„Weißt du, ich gebe dir sogar recht, dass das die richtige Vorgehensweise wäre – gleichzeitig ärgere ich mich: Denn du machst es ja selbst nicht!" (Dann schweigen und freundlich-abwartend schauen – der andere wird was darauf sagen.)

Wenn der andere keinen guten Rat gibt, etwa nur negativ ist, sagen Sie – wieder sachlich-feststellend:

„Zwei Dinge. Einmal hältst du dich nicht an deinen eigenen Rat. Zweitens hat jede deiner Empfehlungen einen schwarzseherischen Unterton ..." (Wieder schweigend abwarten.)

Wenn es Sie richtiggehend ärgert oder wütend macht, dann flechten Sie das ein:

„Das macht mich richtiggehend wütend ..."

Der Ratgeber hat leicht reden – er steckt nicht in der Situation

Selbst betroffen zu sein ändert alles

- *„Sie wissen ja: Es ist immer leichter gesagt als getan."*
- *„Wenn Sie in der Situation stecken würden, würde ich Ihnen wahrscheinlich etwas Ähnliches sagen wie Sie mir – es ist eben*

doch immer ein Unterschied, ob man selbst betroffen ist und die Konsequenzen auch tragen muss."

- „Die Lage ist komplexer, als du sie momentan beurteilst. Darum möchte ich das an dieser Stelle nicht weiter vertiefen."

Sie wünschen sich Zuspruch, bekommen aber logische Bemerkungen

- „Okay, ich hätte nicht um deinen Rat fragen sollen, sondern sagen, dass ich mir gerade einfach von dir wünsche, dass du mir zuhörst und mir den Rücken stärkst."
- „Ich schätze deine analytische Vorgehensweise. Doch ich muss mich immer erstmal ein wenig ausheulen. Ich weiß, dass das nicht deine Art ist, aber mir hilft es, besser damit klarzukommen. Morgen wäre dann der Zeitpunkt für Lösungsansätze ..."

Sie möchten sich erstmal klar werden, bevor Sie mit anderen reden

- „Ich bin da selbst noch am überlegen und muss mir über einiges klar werden, bevor ich Input von außen annehmen kann."
- „Danke, dass Sie sich Gedanken machen. Momentan ist mir das zu viel, ich möchte mich erst mal sortieren."

Wenn Sie später auf den Rat zurückkommen möchten, dann sagen Sie das dazu:

„Ich komme auf dich zu, wenn ich so weit bin."

Sie haben jetzt keine Lust, darüber zu reden

- „Stop! Ich weiß es zu schätzen, dass du mir Rat geben möchtest. Jetzt gerade möchte ich über dieses Thema nicht sprechen."
- „Seien Sie mir nicht böse: Mir schwirrt schon so der Kopf, lassen Sie uns bitte das Thema wechseln."

Variante: Der Wenn-ich-du-wäre-Typ

Manche Ratgeber geben ihren Senf auf wenig hilfreiche Art hinzu, nämlich indem sie einfach ein Statement in den Raum stellen (siehe Beispiele auf der nächsten Seite).

- *„Wenn ich du wäre, würde ich ihn / sie in den Wind schießen!"*
- *„An deiner Stelle wäre ich das Geschäft mit denen niemals einge-gangen."*

Eine bloße Ich-hätte-es-anders-gemacht-Aussage bringt Ihnen gar nichts. Und sie fühlt sich nicht gut an. Bringen Sie Ihr Gegenüber dazu, konkret zu werden:

„Was genau hätten Sie anders gemacht?"

Mitunter erkennt der Gesprächspartner, dass er doch nicht so viel anders gemacht hätte oder dass er seine Statements gar nicht untermauern kann.

Wenn das „Wenn ich Sie wäre" nur eine rhetorische Tarnung für Kritik ist, dann sagen Sie das:

„Es kommt mir vor, als ob Sie mich gerade kritisieren wollen / als ob Sie etwas daran stört, wie ich mich hier verhalten habe. Bitte sagen Sie doch ganz konkret, was Sie meinen ..." (Dann wieder aufmerksam schauen und auf Antwort warten.).

Sie haben ein Problem,
über das Sie nicht reden wollen

- *„Das ist bestimmt schwer für Sie, jetzt, wo Ihr Mann im Kranken-haus ist …"*
- *„Läuft Ihr Business auch so schlecht momentan?"*

Sie haben Liebeskummer, schlagen sich mit einer Krankheit rum oder befinden sich gerade in einer anderen schwierigen Situation. Und jetzt will sich jemand unbedingt darüber mit Ihnen austauschen. Vielleicht, weil er ein ähnliches Problem hat, so etwas schon mal durchgemacht hat oder einfach, weil er Ihnen beistehen möchte.

Cool bleiben, wenn Sie auf ein Problem angesprochen werden

Vielleicht machen Sie die Dinge lieber mit sich selbst aus. Führen Sie sich bitte vor Augen, dass es vielen Menschen guttut, mit anderen über Probleme zu sprechen.

Das Umfeld möchte helfen

Gerade, wenn etwas Schlimmes vorgefallen ist – eine Krankheit oder ein Todesfall –, weiß die Umwelt meist schlichtweg nicht, wie sie richtig reagieren soll. Einige ziehen sich dann leider komplett zurück, andere möchten ihre Anteilnahme zeigen und signalisieren, dass sie Sie unterstützen möchten. Wenn Sie jemand sind, der sich lieber nicht mit anderen austauscht oder Privates auch wirklich nur im engsten Kreis bespricht, dann machen Sie anderen bitte nicht den Vorwurf, indiskret zu sein, und fühlen Sie sich nicht bedrängt. Gehen Sie auch bei Menschen, die Ihnen nicht so sympathisch sind, nie davon aus, dass jemand aus niederen Beweggründen das Gespräch sucht, etwa um sie auszuhorchen oder etwas hinterher gegen Sie zu verwenden. Zeigen Sie einfach klar Ihre Grenze auf und wenn Sie etwas mehr preisgeben möchten, halten Sie sich mit Details zurück.

Oft herrscht einfach Unsicherheit

Strategien, wenn Sie auf ein Problem angesprochen werden

Neutrale, kurze Aussage dazu machen

Klarmachen, dass das Thema erledigt ist

Damit machen Sie deutlich, dass das Thema hiermit beendet ist.

„Läuft Ihr Business auch so schlecht momentan?"
„Ich bin zufrieden." oder *„Es könnte besser gehen."* oder *„Zurzeit haben es wohl alle kleinen Firmen schwer."*

Seien Sie nicht auskunftsfreudig, sondern machen Sie nur ein ganz kurzes Statement: Nicht nur der knappe Inhalt, sondern auch Ihr freundlich-zugeknöpfter Tonfall zeigen, dass es hier nichts weiter zu besprechen gibt.

Geben Sie eine Teilantwort

Sagen Sie das, was Ihnen zu dem Thema angenehm ist, und beenden Sie gleichzeitig das Gespräch.

„Mein Mann ist in guten Händen. Es ist alles in Ordnung, danke der Nachfrage."

Auch wenn Sie jemanden als neugierig erleben oder etwas einfach nicht offenlegen möchten, so steckt doch hinter solchen Nachfragen meistens auch Sorge. Auf diese Weise beantworten Sie die Frage, geben keine Details – und zeigen einem besorgten Gesprächspartner, dass alles okay ist.

Neutral antworten – und nichts preisgeben

Wenn Sie überhaupt keine persönliche Aussage dazu machen möchten, dann antworten Sie hier wieder neutral:

„Das ist bestimmt schwer für Sie, jetzt, wo Ihr Mann im Krankenhaus ist …"
„Ja, das ist nie einfach, wenn ein Angehöriger ins Krankenhaus muss." (Gespräch umlenken oder sich ausklinken, s. S. 54)

Sagen Sie klar, dass Sie darüber nicht sprechen möchten

Auch hier können Sie ganz unterschiedlich auf Ihr Gegenüber eingehen:

- *„Darüber möchte ich nicht sprechen."*
- *„Ich bin jemand, der in schwierigen Situationen gern für sich bleibt. Aber es ist nett, dass Sie sich erkundigt haben."*
- *„Bitte seien Sie mir nicht böse. Das Thema ist mir etwas zu persönlich."*

Sie sehen, wie einfach es ist, ehrlich zu sagen, wonach Ihnen ist.

Haben Sie Angst, dass Ihr Gesprächspartner sich zurückgestoßen fühlen könnte, wenn Sie ehrlich sind? Dann sagen Sie sich: Es ist niemals der Inhalt, der grob wirkt oder jemanden verletzt, sondern es ist immer das Wie. Denken Sie also an den Tonfall. Bleiben Sie freundlich, halten Sie sich kurz und machen Sie durch die Betonung klar, dass Sie nichts weiter dazu sagen wollen.

Das ist zu persönlich

- *„Ich und mein Mann haben uns jetzt ein paar Sextoys gekauft ...“*
- *„Wo gehen Sie denn mittwochabends immer hin, dass Sie so pünktlich los müssen?“*

Die persönlichen Intimitätsgrenzen sind völlig unterschiedlich. Ich habe schon öfter Leute kennengelernt, die im Berufsleben ihren Vornamen nicht erwähnen möchten, weil „der zu persönlich ist und nichts zur Sache tut“. Ja, darüber wundere ich mich allerdings auch. Umgekehrt gibt's Menschen, die haben so gar keine Schranken. Dann prallen unterschiedliche Grenzen aufeinander.

Cool bleiben bei zu intimen Gesprächsthemen

Sie bestimmen, was für Sie zu intim ist

Ihr eigenes Empfinden zählt! Ganz egal, ob alle um Sie herum ohne Probleme über ein Thema sprechen. Wenn Sie es für zu intim halten, dann gilt dieser Maßstab! Hadern Sie also niemals damit, ob Sie verklemmt oder zu empfindlich sein könnten. Akzeptieren Sie Ihre Grenzen. Das alleine macht Sie bereits gelassener, weil Sie dann nicht in die Defensive geraten oder still gute Miene machen, obwohl es Ihnen unangenehm ist.

Ihre Grenze ist nicht das Maß aller Dinge!

Gleichzeitig ist es aber auch wichtig, dass Sie Ihre Grenze nicht als das Maß aller Dinge sehen – denn das macht ungelassen! Wenn Sie finden, dass die Leute ihre Bettgeschichten in ihren eigenen Schlafzimmern behalten sollten, dann ist das Ihre Sache. Wenn alle Welt ihr Sexleben in Internetforen und Büros ausbreitet und das ganz normal findet, müssen Sie das nicht gut finden – aber Sie dürfen sich auch nicht darüber empören, dass andere nicht dieselbe Grenze haben wie Sie.

Strategien zum Umgang mit intimen Gesprächsthemen

Sagen Sie, wenn Ihnen der andere zu viel von sich erzählt:

„Ich und mein Mann haben uns jetzt ein paar Sextoys gekauft …"

- *„Stop! Ich möchte nichts über dein Sexleben erfahren."*
- *„Ich schätze dich, aber das ist mir zu persönlich."*

Wenn Sie daraufhin als verklemmt betitelt werden, bleiben Sie standhaft. Rechtfertigen Sie sich nicht, sondern wiederholen Sie einfach nochmal, dass Sie nicht darüber reden möchten:

„Das hat nichts mit verklemmt zu tun. Ich möchte nichts über dein Sexleben erfahren."

Antworten Sie unverfänglich
„Wo gehen Sie denn mittwochabends immer hin, dass Sie so pünktlich losmüssen?"

- *„Ich habe etwas zu erledigen."*
- *„Ja, mittwochs habe ich eine feste Verabredung und Pünktlichkeit ist mir wichtig, wie Sie wissen."*
- *„Ich bin ein beschäftigter Mann …!"* (Augenzwinkern, Thema wechseln)

Sie können natürlich auch sagen, dass Sie keine Antwort darauf geben möchten, aber damit öffnen Sie die Diskussion für weiteres Nachfragen oder Spekulationen. („Das muss ja was Geheimnisvolles sein …", „Mir kannst du's doch sagen …")

Ekligen Gesprächsthemen einen Riegel vorschieben
Ich hatte Ihnen in der Einführung von meinem Erlebnis im Café erzählt, bei dem sich drei Leute an meinen Tisch setzten und mir ein ekliges Detail nach dem anderen „auf die Ohren drückten". Wenn jemand über zu persönliche, widerliche Details spricht oder wenn Sie etwas einfach nicht hören können, weil es Sie innerlich

Weggehen oder abblocken

schüttelt, dann schieben Sie schnell einen Riegel vor. Entweder indem Sie weggehen oder indem Sie Ihrem Gesprächspartner sagen, dass Sie keine Details dazu hören möchten:

„Mein Mann hat jetzt ja wochenlang so Probleme mit Hämorrhoiden gehabt!"

- *„Sei mir nicht böse: Das ist jetzt dann doch etwas zu viel Detail für mich!"*
- *„Das ist ein Gesprächsthema für dich und deinen Mann."*
- *„Iiih. Ich will nichts über Hämorrhoiden anderer Leute wissen."*

Achten Sie darauf, dass Ihre Ekelreaktion nicht amüsant ist. Wenn Sie sich bühnenreif schütteln oder komisch das Gesicht verziehen, kann es passieren, dass man Sie nicht ernst nimmt oder sogar Ihre Reaktion so amüsant findet, dass man Sie absichtlich weiterhin (und immer wieder!) mit für Sie ekligen Themen behelligt.

Dabei sind Sie mit anderen immer wieder im Clinch

- *„Er hat gesagt, dass ich ihm noch ein halbes Jahr geben soll. Ich meine, ich verstehe das: Sein Sohn hat jetzt dann Geburtstag und dann kommen die Feiertage, da will er es seiner Frau nicht sagen. Finde ich ja auch irgendwie toll, dass er solche Rücksicht auf seine Familie nimmt!"*
- *„Doch, diese Aurafotografie stimmt wirklich! Das Reading war total Ich! Der Mann kannte mich ja gerade mal zwei Minuten und hat mich genau beschrieben …"*

Manchmal tut es einer Beziehung – ob zu Kollegen, Freunden oder Familie – gut, bestimmte Themen einfach zu lassen. Wenn Sie einfach nicht auf einen gemeinsamen Nenner kommen oder das Thema emotional total aufgeladen ist, kann sogar die Beziehung Schaden nehmen.

Cool bleiben bei Themen mit Streitpotenzial

Sie sind unterschiedlicher Ansicht oder Sie haben etwas schon so oft wiedergekäut, dass Sie keine Lust mehr haben, sich unentwegt zu wiederholen. In diesen Fällen ist es relativ einfach, gelassen zu werden: Sie fokussieren sich auf die Beziehung zu der Person, die Ihnen wichtiger ist als eine Meinungsverschiedenheit, und regen an, solche Streitthemen einfach auszusparen.

Die Beziehung ist wichtiger

Es gibt jedoch auch häufig diesen Fall: Eigentlich ist die Beziehung gestört und *darum* stören Sie gewisse Gesprächsthemen oder die Beteiligten suchen regelrecht nach Gelegenheiten, die Opposition einzunehmen. Vielleicht sind Sie aus Prinzip gegen Ihre Schwiegermutter und so könnte diese sagen, was sie wollte: Sie wären immer im Clinch. Wenn es um Auslöser geht, die in der Beziehung zur Person liegen und nicht am Thema, dann funktioniert es nicht, sich darauf zu einigen, bestimmte Themen auszusparen. Dann

Wenn das Streit-Thema nur ein Symptom ist

müssen Sie zurück zur Wurzel: Erstmal ergründen, warum Sie den anderen auf dem Kieker haben – oder warum Sie glauben, dass das umgekehrt der Fall ist.

Strategien zum Umgang mit Streitpotenzial-Themen

Schalten Sie auf „verstehen wollen"

Den Automatismus unterbrechen

Sie wissen ja schon, was Sie sagen möchten – und Sie haben dem anderen Ihre Ansichten schon mehrmals gesagt. Es gibt also nichts Neues für beide Seiten, wenn Sie einfach wie in einem Theaterstück wieder und wieder Ihre Standpunkte gegeneinanderstellen. Sie können diese ungute Dynamik unterbrechen und persönlich sehr viel davon profitieren, wenn Sie auf „Neues / mehr erfahren" schalten:

„Doch, diese Aurafotografie stimmt wirklich! Das Reading war total Ich! Der Mann kannte mich ja gerade mal zwei Minuten und hat mich genau beschrieben …"

Es geht nicht um's Widerlegen

Wenn Sie grundsätzlich gegen alles Esoterische eingestellt sind, hilft es wenig, an dieser Stelle mit irgendwelchen Fakten zu kommen. Nutzen Sie die Gelegenheit, mehr zu erfahren. Sie können sich erklären lassen, wie genau das Gespräch ablief (aber nicht innerlich auf Aussagen lauern, die Ihre eigene Meinung bestätigen), oder Sie können Ihren Gesprächspartner fragen, was genau ihm diese Sache bedeutet. Dies können Sie tun, indem Sie einfach gezielt Fragen zu Aspekten stellen, die Sie interessieren – oder Sie kombinieren es mit „agree to disagree":

Übereinstimmen, nicht übereinzustimmen

Sie müssen nicht immer einer Meinung sein

Im Englischen gibt es die schöne Umschreibung „we agree to disagree", also wir stimmen überein, nicht übereinzustimmen. Meine beste Freundin und ich haben mehrere solcher Themen. Die Grundlage, locker damit umzugehen, ist es, dass nicht beide auf Biegen und Brechen recht haben müssen. Schlagen Sie also beim nächsten Mal, wenn Sie wieder auf so ein Rotes-Tuch-Thema kommen, Ihrem Gegenüber einfach vor, dass Sie das ein für alle Mal klären:

„Du weißt ja, dass ich immer ein wenig mit den Augen rolle, wenn du mir von diesen esoterischen Dingen erzählst, weil ich damit nichts anfangen kann. Wir geraten uns dann immer etwas in die Haare, und das möchte ich gar nicht! Wir wissen jetzt, dass wir zu diesem Thema anderer Meinung sind. Lass uns einfach das nächste Mal rechtzeitig das Gespräch auf was anderes bringen, bevor es wieder eskaliert. Wir müssen ja nicht in allem einer Meinung sein!"

Führen Sie das Gespräch, um Ihr Gegenüber zu unterstützen

Neben einem bestimmten Gesprächsthema geht es natürlich gerade im engeren Umfeld in erster Linie um die Beziehung. Nehmen wir hier das Beispiel einer Freundin, die die Geliebte eines verheirateten Mannes ist und die Ihnen seit Monaten erzählt, wie sie von ihm immer wieder hingehalten wird. Hier geht es nicht darum, ob das Geliebte-Sein akzeptabel oder nicht akzeptabel ist oder ob Sie selbst sowas „nie" tun würden.

Wenn Sie sagen „Mann, wach doch mal auf! Der ist ein Arsch, der dich seit zwei Jahren hinhält und seine Familie belügt", dann werden Sie auf Front stoßen. Die Freundin wird in die Defensive gehen und sie wird es möglicherweise übel nehmen – oder einfach traurig darüber sein –, dass Sie ihr in den Rücken fallen, wo es ihr sowieso schon schlecht geht.

Sie können Ihren Standpunkt haben und gleichzeitig der Freundin eine Unterstützung bieten:

Standpunkt haben
heißt nicht
ihn überstülpen

„Du weißt, wie ich darüber denke: Ich glaube, dass du dich hier seit zwei Jahren sehr unglücklich machst – und dass sich dieser Mann so verhält und gleichzeitig Frau und Kind so lange belügt, würde ihn mir sehr unattraktiv machen. Denn da tut jemand allen Beteiligten weh, und das aus reinem Eigennutz. Aber: Mir liegt an dir. Ich möchte dich gerne unterstützen. Ich kann nur nicht alle paar Wo-

chen einfach immer wieder dieses Gespräch mit dir führen, wenn er dich wieder vertröstet hat. Was tun wir?"

Klinken Sie sich aus dem Gespräch aus

Angenommen, Ihr Vater ist jemand, der gerne Stammtischparolen von sich gibt. Sie können das einfach nicht mehr hören und es führt auch zu nichts, mit echten Argumenten zu kommen, weil Ihr Vater an der Diskussion gar nicht interessiert ist, sondern nur seine Ansichten rumtrompeten möchte. Ziehen Sie eine klare Grenze:

„In dieser Beziehung kann ich mich nicht mehr mit dir unterhalten, wir schlagen uns immer die Köpfe ein – lass uns einfach unterschiedlicher Meinung sein und es nicht immer wieder neu diskutieren müssen."

Hand aufs Herz:
Respektieren Sie es selbst?

Wenn Sie das Gefühl haben, dass Ihren Lebensgefährten etwas bedrückt, er aber sagt, es ist nichts, lassen Sie es dann einfach so auf sich beruhen? Wenn Sie mit einem Kollegen ein Problem haben und sich aussprechen möchten, er will aber nicht, lassen Sie es dann eben sein?

Vermutlich nicht.

So nervig es ist, wenn wir uns von anderen zu einem Gespräch gedrängt fühlen, so relativiert sich diese Sichtweise oft sehr schnell, wenn man auf der anderen Seite steht. Und gerade, weil Sie sich um jemanden sorgen, ist es so schwer, ein Schweigen zu akzeptieren. Was also tun?

Schweigen ist oft schwer zu akzeptieren

Es ist immer zu respektieren, wenn jemand über etwas nicht reden möchte. Aber: Es zu respektieren heißt nicht, dass einfach nicht darüber geredet wird. Sie können selbstverständlich jederzeit dennoch etwas dazu sagen.

Der Unterschied ist:

– So nicht	+ So geht's
Jemanden zu einem Gespräch nötigen, eine eigene Meinung aufdrücken, unablässig wieder und wieder das Thema oder den Gesprächsbedarf (bzw. die Verweigerung) vorhalten.	Ein Thema, das nicht wichtig ist, auch fallen lassen (ein Meinungs- oder Plauderthema ist nicht von Belang). Jemandem anbieten: „Ich bin für dich da" oder „Wenn du darüber reden möchtest, bitte ruf mich jederzeit an".

Dem anderen Vorwürfe machen oder auf seiner mangelnde Kommunikations- oder Beziehungsfähigkeiten herumreiten.	Wenn es ein Thema ist, das für die Beziehung zum anderen relevant ist oder das für Sie große Bedeutung hat, sagen: „Es ist mir sehr wichtig, dass wir darüber reden, weil ...“
Die unausgesprochene Meinung des anderen einfach vorwegnehmen und ihm Worte oder eine bestimmte Haltung aufdrücken.	Oder, wenn der andere sich verschließt, den eigenen Anteil einfach sagen. Das kommt dennoch an, auch wenn der andere nicht sofort etwas dazu sagt.

Extremfall: emotionale Erpressung

Nun gibt es natürlich noch einen wichtigen Sonderfall: Jemand bestraft Sie mit Schweigen und spricht tagelang nicht mehr mit Ihnen. So etwas ist niemals hinzunehmen! Es ist emotionale Erpressung und eine Qual für den anderen. Manche Menschen – vielleicht gehören Sie sogar selbst dazu – tun das ganz bewusst, um den anderen abzustrafen. Häufig ist es aber auch das Unvermögen, über etwas zu sprechen und einzulenken, vor allem wenn sich der Schweigende ungerecht behandelt fühlt und davon überzeugt ist, der andere müsse in irgendeiner Form zu Kreuze kriechen. Mehr zur emotionalen Erpressung s. S. 123.

Wenn Sie mit jemandem zu tun haben, der Ihnen immer wieder so ein „silent treatment“, wie es im Englischen heißt, zumutet, dann sprechen Sie klipp und klar an, dass das so nicht geht. Wichtig: Nicht flehend, sondern sachlich!

„Ich sehe, dass irgendetwas los ist. Es geht aber nicht, dass du einfach nicht mit mir sprichst. Das tut mir weh. Und es ist nicht sonderlich erwachsen. Sag mir, worum es geht.“

Wenn Ihnen das schwerfällt, dann sagen Sie einfach etwas wie „Du weißt, wo du mich findest, wenn du so weit bist" und gehen Sie aus der Situation. Lenken Sie nicht von sich aus mit irgendwelchen Entschuldigungen oder Besänftigungen ein, so dass der andere Sie durch das Schweigen sozusagen in die Knie zwingt. Auch wenn Sie sehr harmoniesüchtig sind und es schwerfällt: Halten Sie es aus, wenn eine Zeitlang eine Unstimmigkeit herrscht.

4. Kein Drama, aber ganz schön nervig

Manche Menschen spielen sich dauernd in den Mittelpunkt, wiederholen ewig, was man gerade gesagt hat, oder irritieren durch eklige Schmatzgeräusche beim Sprechen. Kleinigkeiten, die einem ganz schön auf den Senkel gehen können!

In diesem Kapitel
- sehen wir uns Gesprächstypen mit hohem Nervpotenzial an,
- erfahren Sie, was hinter diesen ärgerlichen Angewohnheiten oft steckt,
- und Sie bekommen natürlich wieder konkrete Tipps an die Hand, wie Sie mit dem nervigen Verhalten umgehen können.

Absolute No-nos

- **Sich hineinsteigern.** Seien wir ehrlich: Das Einzige, was diese Reinsteigerei bringt, ist, dass die Situation eskaliert oder eine vielleicht ansonsten sogar gute Beziehung Schaden nimmt. Denn all die Angewohnheiten, über die wir in diesem Kapitel reden, sind zwar nervig – aber das ist auch schon alles.
- **Sich provoziert fühlen.** Etwas als Provokation aufzunehmen und dann entsprechend „zurückzuschlagen" ist ebenfalls oft menschlich, aber Sie nehmen sich den konstruktiven Blick, wenn Sie davon ausgehen, der andere tut etwas absichtlich. Viel interessanter ist es, zu ergründen, warum Sie eine bestimmte Art provoziert. Das herauszufinden, ist der Schlüssel zu mehr Gelassenheit.

- **Den anderen verurteilen**. Wenn sich jemand in unseren Augen „blöd" verhält oder unappetitliche Angewohnheiten hat, (ver)urteilen wir schnell: „Das macht man doch nicht!", „Er/sie sollte lieber mal!" oder würdigen den anderen herab: „Was für ein armer Wurm muss das sein …" Der Perspektivenwechsel hilft Ihnen, das nicht zu tun und auch mit nervigen Leuten so respektvoll umzugehen, wie Sie sich das sicherlich auch wünschen.

Ticks oder Nebengeräusche

Das macht Gänsehaut! Vor einigen Jahren saß ich mit meiner Mutter in einem Café. Am Nebentisch ein frisch verliebtes Pärchen. Nahe zusammengerückt, Händchen haltend, tiefe Blicke, zärtliche Stimmen und KRRRRR – alle paar Sekunden zog der Mann die Nase geräuschvoll nach oben. – IIIIIIIIIIIH! Es ging mir durch Mark und Bein!

Bestimmt gibt es ein Gesprächsverhalten, das für Sie eine ähnlich abstoßende oder einfach irritierende Wirkung hat. Hier eine kleine Auswahl:

Nase:	dauerndes Nase-Hochziehen, wie ein Kaninchen „schnüffeln", ausschnauben oder sonstige – auch dezente – Nasengeräusche, ständig an die Nase fassen
Mund:	ständig auf der Lippe rumkauen, Mund verziehen, Zähne blecken, beim Essen mit offenem Mund reden, spucken, geräuschvoll Speichel zwischendrin einsaugen
Augen:	auf keinen Fall Blickkontakt herstellen oder ständig dem Blick ausweichen, das Gegenteil: wie ein Psychopath niederstarren, auffälliges Blinzeln, ständiges Augenrollen
Mimik:	überzogen theatralisches Mienenspiel, „böser" oder hinterhältig wirkender Gesichtsausdruck, Kopfwackeln
Gestik/Körpersprache:	zappeln, immer mit irgendetwas spielen (z. B. Kugelschreiberklackern), viel zu nahe kommen, häufiger unerwünschter Körperkontakt

Irritierende Gesprächs- angewohnheiten:	bestimmte Wörter oder Satzteile immer wieder einflechten: Das kann vom ständigen „Äh" bis hin zu einem stets angehängten „Verstehen Sie?" gehen, Babysprache (etwa wenn die Kollegin mit ihrem Liebsten telefoniert), Befehlston, sehr unterwürfige Sprechweise, schrille Stimme

Manchmal machen uns bestimmte Dinge einfach verrückt. Dabei geht es nicht darum, politisch korrekt zu sein. Wenn Ihr Gegenüber schielt, dann werden Sie ihm das nicht verübeln, aber es wird Sie dennoch irritieren, vielleicht fühlen Sie sich sogar deswegen äußerst unwohl.

Bei allem guten Willen: nervig!

Cool bleiben im Umgang mit Ticks

Wie immer ist die Grundlage: Steigern Sie sich nicht hinein! Das heißt, dass Sie einerseits nicht auf das, was Sie stört, fokussieren – und es heißt, dass Sie sich nicht bei anderen darüber beklagen oder gar lustig machen. Erst recht, wenn es um etwas geht, das der andere gar nicht mal eben ändern kann, weil es angeboren, ein Persönlichkeitsmerkmal oder ein Krankheitssymptom ist.

Nicht darauf fokussieren bedeutet, dass Sie sich im Gespräch auf die Person und den Inhalt und nicht auf das, was Sie irritiert, konzentrieren. Wenn uns etwas stört, lenken wir oft ganz automatisch unsere Aufmerksamkeit genau dorthin. Denken Sie an Loriots Nudelsketch!

Wenn Sie merken, dass Ihre Gedanken auf die irritierende Sache gelenkt sind, ändern Sie den Fokus. Das können Sie tun, denn Sie selbst entscheiden, ob Sie denken „Nudel, Nudel, Nudel" oder ob Sie damit anders umgehen: Entweder die Sache ignorieren (was Sie übrigens bei der Nudel nicht tun sollten, denn es wäre peinlich für beide Seiten, den anderen nicht darauf aufmerksam zu machen) oder den anderen darauf ansprechen.

Konzentration lenken

Strategien im Umgang mit Ticks

Direkt darauf ansprechen

Fragen Sie Ihren Gesprächspartner

Gerade wenn es um Dinge geht, die Ihr Gegenüber nicht einfach ändern kann, fragen Sie die Person einfach direkt, wie Sie damit umgehen sollen. Wenn der Kollege stottert, kennt er es sein ganzes Leben, dass ihm Leute ins Wort fallen – er wird Ihnen dankbar sein, wenn Sie ihn fragen, ob das okay ist oder ob Sie lieber einfach abwarten sollten. Wenn Ihre Kollegin schielt, dann weiß sie das auch. Und sie weiß auch, dass es irritierend ist. Sprechen Sie es an, dass sie manchmal aus Unsicherheit einfach keinen Blickkontakt halten, weil Sie nicht genau wissen, wo Sie hinschauen sollen.

Auf den Nerv-Faktor aufmerksam machen

Viele irritierende Macken beruhen auf Angewohnheiten. Mit dem Kugelschreiber zu klackern oder mit den Beinen zu zappeln, mit dem Freund am Telefon in Babysprache zu reden oder ständig den Gesprächspartner am Arm zu berühren … das sind einfach Angewohnheiten, die manchmal sogar ganz unbewusst passieren.

Sprechen Sie es an:
„Wenn du mit deinem Freund telefonierst, bekommst du eine ganz mädchenhafte, hohe und unsichere Stimme. Das irritiert mich ehrlich gesagt kolossal, denn ich kenne dich als sehr selbstsicher und als eine, die Klartext redet." (Dann schauen Sie freundlich und warten ab bis eine Antwort kommt.)

Der Angeber

- *„50 000 Umsatz hast du gemacht? Beachtlich. Ich war auch mal im Vertrieb. Hat mein Chef gesagt: Die 1 Million Umsatz knackst du nie – hab ich ihm 3 Millionen gemacht!"*
- *„Sprachen liegen halt nicht jedem. Als ich nach Spanisch und Englisch noch Afrikaans und Japanisch in Angriff genommen habe, dachte ich auch erst: ououou …"*

Angeberei ist oft besonders schwer zu ertragen. Nicht nur, weil es tierisch anstrengend ist, ständig irgendwelchen Selbstbeweihräucherungen zuzuhören, sondern vor allen Dingen, weil man im Schatten solch „großartiger" Leute oft verblasst – und die eigenen Leistungen einem auch selbst oft irgendwie kleiner und unbedeutender erscheinen.

Der Angeber spielt sich manchmal auch durch seine Art zu reden in den Vordergrund: Er spricht etwa besonders laut oder hat eine schrille Stimme. Er hat die wenigste Zeit, den größten Stress und ist am Ärmsten dran. Manchmal kennt er alles und jeden, hat alles schon gemacht – oder „könnte das auch".

Cool bleiben im Umgang mit dem Angeber

Sehr nützlich ist es, wenn Sie hinter die Fassade des Angebers schauen: Vielleicht steckt dahinter nämlich einfach nur ein Bestätigungssüchtiger (s. S. 85), der eigentlich sehr unsicher ist. Dann geht einem das Angeben zwar immer noch gehörig auf die Nerven, aber es lässt sich besser damit umgehen als mit einem gnadenlosen Selbstdarsteller.

Blicken Sie hinter die Fassade!

Oft sind Leute auch einfach zu Recht stolz auf das, was sie alles erreicht haben und gut können. Nur weil viele Leute eher bescheiden und nach dem Motto „Selbstlob stinkt" handeln, ist es nicht gleich Angeberei, sich mit seiner Leistung auch zu zeigen und stolz auf sich zu sein.

Ansonsten gilt beim Umgang mit Angebern mehr denn je: Steigern Sie sich nicht hinein und machen Sie die Angeberei nicht zu einem großen Thema.

Strategien zum Umgang mit dem Angeber

Wenn Sie die Person nicht besonders mögen oder wenn Sie sich einfach immer schlechter und kleiner fühlen, dann gehen Sie auf Abstand. Wenn Ihnen an der Person etwas liegt oder wenn Sie gezwungenermaßen eng mit ihr zu tun haben, werden Sie aktiv:

Die Aufschneiderei überhören und aufs Thema zurückkommen

Ohren zu beim angeberischen Teil Dabei klammern Sie das, was Ihr Gegenüber gesagt hat, aus. Das schützt Sie auch davor, dass der andere das Gespräch an sich reißt oder Ihnen Ihren Erfolgsmoment damit „stiehlt":

„50 000 Umsatz hast du gemacht? Beachtlich. Ich war auch mal im Vertrieb. Hat mein Chef gesagt: Die 1 Million Umsatz knackst du nie – hab ich ihm 3 Millionen gemacht!"
„Ja: 50 000 Umsatz habe ich gemacht! Mein Chef hätte schier einen Purzelbaum geschlagen und, stell dir vor: Ich bekomme sogar einen Bonus!!!"

Vielleicht finden Sie es auch interessant, was der Angeber zu sagen hat, und möchten davon lernen. Dann stellen Sie einfach eine konkrete Frage dazu – verbinden Sie diese aber mit sich selbst! Es soll nicht um den Angeber als Person gehen, sondern um die Leistung und mögliche Tipps, die dahinterstecken:

Holen Sie sich gute Tipps ab *„50 000 Umsatz hast du gemacht? Beachtlich. Ich war auch mal im Vertrieb. Hat mein Chef gesagt: Die 1 Million Umsatz knackst du nie – hab ich ihm 3 Millionen gemacht!"*
„Wow! Dreimal so viel auch noch! Dann kannst du mir sicher gute Tipps geben, wie ich das nächste Mal 100 000 Umsatz erreiche. Was genau könnte ich da tun?" (Das Gespräch dauert dann natürlich

länger bzw. Sie können auch einen separaten Termin dafür ausmachen, um vom anderen zu lernen.)

Positiver Nebeneffekt ist, dass ein Angeber, wenn er in seinem Fachgebiet um Rat gefragt wird, oft gleich viel angenehmer und „normaler" wird, denn dann wird er anerkannt, ohne dass er überhaupt großen Wind zu machen braucht. Nutzen Sie das Potenzial aus: Nicht jeder Angeber ist ein Dampfplauderer!

Zollen Sie Bewunderung – aber nur, wenn sie ehrlich ist

„Sprachen liegen halt nicht jedem. Als ich nach Spanisch und Englisch noch Afrikaans und Japanisch in Angriff genommen habe, dachte ich auch erst: ououou …"
„Echt? Sie sprechen Spanisch, Englisch, Afrikaans und Japanisch???! Das ist ja großartig!"

Ehrliche Bewunderung zollen

Auch hier können Sie Fragen anhängen:
„Können Sie mir gute Tipps geben fürs Sprachenlernen? Ich würde so gerne mit Spanisch beginnen, aber ich bin kein Sprachentalent. Ich muss da richtig pauken."

Nutzen Sie die humorvolle Übertreibung

Wenn jemand der Größte-Beste-Schnellste ist oder wenn hier ganz offenbar die Wahrheit etwas verbogen wird, können Sie dem mit Humor begegnen – aber nur, wenn Ihnen auch wirklich zum Lachen ist (nicht, um den anderen schlechtzumachen oder ironisch zu werden) und wenn der andere auch locker drauf ist. Sonst wirken Sie sehr unsouverän.

Humor – aber ernst gemeint

Eine simple Möglichkeit, humorvoll zu reagieren, ist, selbst zu übertreiben:

„Sprachen liegen halt nicht jedem. Als ich nach Spanisch und Englisch noch Afrikaans und Japanisch in Angriff genommen habe, dachte ich auch erst: ououou …"
„Ich weiß genau, was Sie meinen! Als ich meine Doktorarbeit in Suaheli auf Russisch übersetzen musste, hatte ich nur 14 Tage dafür Zeit. Das war gar nicht so einfach!"

Eine andere Möglichkeit ist es, überzogen verständnisvoll zu sein – aber wirklich neckend-augenzwinkernd und nicht bösartig:

„Das muss so schlimm sein, immer überall der Beste zu sein! (besorgter Tonfall) *Tut's weh?"*

Manche Aufschneider nehmen es mit der Wahrheit nicht so genau. Tipps zum Umgang mit Lügnern finden Sie hier unter Der Lügner!, s. S. 145.

Ein Angeber will gehört und bewundert werden. Gehen Sie nicht großartig darauf ein, bleiben Sie sachlich, kurz angebunden, lenken Sie auf andere Themen oder entschuldigen Sie sich: Sie haben jetzt etwas zu erledigen.

Der Bestätigungssüchtige

- *„Ich habe die Unterlagen zusammengestellt. Ob das jetzt so richtig ist? Könnten Sie nochmal drüberschauen? Wenn der Chef das sieht, findet er bestimmt etwas, was nicht richtig war …"*
- *„Gestern habe ich noch drei Kuchen für die KiTa meines Sohnes gebacken. Ich bin die halbe Nacht in der Küche gestanden – und dann gleich nochmal zwei dazu für die Firma. Es soll den Kollegen ja auch gut gehen!"*

Der Bestätigungssüchtige braucht ständige Rückversicherungen: dass er etwas richtig macht, dass er gute Arbeit macht, dass er geliebt wird. Das erkennt man oft nicht auf den ersten Blick. Denn manchmal ist er ein Zutexter (s. S. 29), manchmal wirkt er wie ein Angeber (s. S. 81).

Cool bleiben im Umgang mit dem Bestätigungssüchtigen

Das ist einer der Nervtypen, bei denen Gelassenheit mit am leichtesten fällt. Blicken Sie hinter die Fassade, sehen Sie mangelndes Selbstbewusstsein und oft ein sehr ausgeprägtes Harmoniebedürfnis. Ihr Gegenüber will einfach gerne hören, dass es gemocht wird, und braucht die Zusicherung, dass alles in Ordnung ist und nichts Schlimmes passieren wird.

Unsichere Leute brauchen Bestätigung

Strategien im Umgang mit dem Bestätigungssüchtigen

Gehen Sie nur auf den Inhalt ein
Dies bietet sich an, wenn Sie die Sache selbst nicht thematisieren wollen. Halten Sie sich kurz und knapp, aber schüren Sie keine Zweifel, sonst verstärken Sie die Unsicherheit nur:

Zu viel kümmern verstärkt die Unsicherheit

„Ich habe die Unterlagen zusammengestellt. Ob das jetzt so richtig ist? Könnten Sie nochmal drüberschauen? Wenn der Chef das sieht, findet er bestimmt etwas, was nicht richtig war …"
„Gut, dass die Unterlagen fertig sind. Ich kann gerade nicht drüberschauen. Machen Sie sich keine Sorgen: Wenn die Unterlagen vollständig und chronologisch sortiert sind, ist alles in Ordnung."

„Gestern habe ich noch drei Kuchen für die KiTa meines Sohnes gebacken. Ich bin die halbe Nacht in der Küche gestanden – und dann gleich nochmal zwei dazu für die Firma. Es soll den Kollegen ja auch gut gehen!"
„Das ist nett, dass Sie Kuchen mitgebracht haben. Schlagen Sie sich aber deswegen bitte nicht nochmal die Nacht um die Ohren. Ihnen soll es ja auch gut gehen."

Sprechen Sie Ihr Genervtsein an

Es ist gut, dem anderen zu sagen, wenn sein Verhalten stört. Der Bestätigungssüchtige läuft nämlich Gefahr, durch sein Verhalten genau das Gegenteil zu erreichen: Er treibt die Leute von sich weg. Und bekommt noch weniger Bestätigung, weil man einfach gar keine Lust mehr hat, ihn zu loben, auch wenn etwas positiv erwähnenswert ist. Sprechen Sie das an, wenn Sie ruhig und guter Stimmung sind. Das kann sich – je nach Beziehung zu Ihrem Gegenüber – völlig unterschiedlich anhören:

- *„Wenn du mich dauernd um Bestätigung bittest, kommt mir das so vor, dass du sehr unsicher bist. Doch dafür hast du gar keinen Grund! Ich mag dich. Du machst deine Arbeit umsichtig und gut. Ich weiß gar nicht, warum du so an dir zweifelst …"*
- *„Ich schätze Sie als Kollegin sehr. Ehrlich gesagt, bin ich mittlerweile aber regelrecht genervt, dass Sie für alles Feedback und Bestätigung einholen. Das finde ich schade, denn ich merke, dass ich mittlerweile schon gar keine Lust mehr habe, Sie für etwas zu loben, das ich gut fand."*

Und dann, das kennen Sie schon: Blickkontakt halten, schweigen und freundlich-interessiert abwarten, bis eine Antwort kommt.

Schenken Sie ihm Ihre Aufmerksamkeit

Wenn Sie die Person von sich aus mehr wahrnehmen und einbinden, dann verschwindet der Drang, ständig Bestätigung erhalten zu müssen. Ein gutes Beispiel ist Eifersucht. Wenn sich Ihr Partner geliebt fühlt und Sie sich von sich aus so verhalten, dass er sich „sicher sein kann", dass alles okay ist, dann werden Sie auch nicht alle zehn Minuten gefragt: „Liebst du mich noch?"

Den anderen generell wahrnehmen

Loben Sie von sich aus, wenn es etwas zu loben gibt – ohne dass der andere Sie überhaupt danach fragen und so eine Bestätigung rausleiern muss. Und fragen Sie Ihren Gesprächspartner von sich aus um Rat oder um eine Meinung. Auch das stärkt das Selbstbewusstsein.

Liegt Ihnen die andere Person wirklich am Herzen? Hier geht es nicht um Pseudo-Aufmerksamkeit oder mitleidiges Wahrnehmen!

Der Wiederholer

„Wir sollten die Messeplanung diesmal früher beginnen. Letztes Mal gab's völlig unnötigen Stress, weil alles kurz vor knapp war."
„Die Messeplanung ist sehr komplex. Ich denke, wir sollten dieses mal früher damit anfangen, damit wir gut hinkommen."

„Ich finde das total ätzend, dass du wieder das Geschirr nicht gespült hast! Wir hatten das aufgeteilt."
„Du ärgerst dich, dass ich das Geschirr nicht wie verabredet gespült habe."

Es gibt Wiederholer, die Ihre eben geäußerte Meinung in eigenen Worten formulieren (und damit manchmal eine Idee an sich reißen). Und es gibt das 70er-Jahre-Psychoklischee: Der Wiederholer sagt genau das, was Sie gerade gesagt haben, mit äußerst verständnisvollem Unterton.

Cool bleiben im Umgang mit dem Wiederholer

Sie sind auch ein Wiederholer!

Die Gründe für's Wiederholen sind oft recht banal und sogar konstruktiv. Zum einen ist das „aktive Zuhören" für sich gesehen ja sehr gut und zeigt: Du hast meine volle Aufmerksamkeit, ich interessiere mich für das, was du zu sagen hast.

Die Wiederholung ist auch ein probates Mittel, um Zeit zu gewinnen: etwa, um das eben Gehörte im Kopf hin- und herzubewegen oder ein wenig über eine Frage nachdenken zu können. Manchmal passiert es sogar unbewusst. Jemand ist nicht ganz bei der Sache, aber nimmt unterbewusst etwas eben Gehörtes auf, das für ihn tatsächlich wie ein spontaner Einfall wirkt.

Es nützt Ihrer inneren Gelassenheit enorm, wenn Sie diese konstruktiven Beweggründe annehmen. Bei offensichtlich „bösen" Motiven heißt es hart, aber sachlich durchgreifen!

Strategien zum Umgang mit dem Wiederholer

Überbewerten Sie es nicht und gehen Sie darüber hinweg

Überhören Sie einfach, dass Sie gerade wiederholt wurden, und gehen Sie weiter auf den Inhalt ein. Aber Vorsicht! Gerade, wenn Sie am anderen Kritik üben, verführt das Wiederholen manchmal dazu, vom eigenen Kurs abzukommen. Das Geschirrspülbeispiel zeigt, was ich meine:

Ignorieren Sie es

„Ich finde das total ätzend, dass du wieder das Geschirr nicht gespült hast! Wir hatten das aufgeteilt."
„Du ärgerst dich, dass ich das Geschirr nicht wie verabredet gespült habe."

Sie sind sauer, dass das Geschirr nicht gespült ist. Das war vereinbart. Ihr Partner hat sein Versprechen erneut nicht eingehalten. Nun wiederholt er, gibt der Sache aber den Dreh mit „Du ärgerst dich …". Wenn Sie jetzt nicht aufpassen, geht es plötzlich um Sie und Ihren Ärger! Dabei geht es Ihnen darum, dass der andere seinen Teil der Vereinbarung nicht eingehalten hat. Lassen Sie sich also nicht auf die neuen Stichworte ein, sondern bleiben Sie beim Geschirrspül-Versäumnis.

Versprechen wurde nicht eingehalten

Und: Fragen Sie nicht „Warum?". Es ist schnurzpiepegal, warum Ihr Partner nicht gespült hat. Sie sind nicht an irgendwelchen Ausreden interessiert, sondern daran, dass er es künftig macht und zu seinem Versäumnis steht.

Darum führen Sie nahtlos zurück auf Kurs, ohne auf die Wiederholung einzugehen:

„Wir haben einen gemeinsamen Haushalt. Wir haben gemeinsam die Arbeit aufgeteilt, und ich möchte mich auch in dieser Beziehung auf dich verlassen können." (Dann halten Sie Blickkontakt, schauen ernst und so, als ob jetzt eine Antwort kommen müsste.)

Wenn nun nicht die Antwort auf das Einhalten der Regeln und das Geschirr kommt, dann gehen Sie nicht auf weitere Finten ein, sondern wiederholen einfach das, was Sie eben gesagt haben, in Frageform:

„Kann ich mich auf dich verlassen, dass du das Geschirr (jetzt / morgen) machst und dich künftig dran hältst?" (nach wie vor Blickkontakt, schweigen und so schauen, als ob eine Antwort kommt).

Wiederholer auf Kurs bringen Das machen Sie so lange ganz ungerührt, bis eine Antwort kommt, die sich darauf bezieht. Vielleicht entsteht eine Diskussion, dass die Aufteilung im Haushalt als nicht fair empfunden wird, dann müssen Sie gemeinsam eine Lösung finden, die für beide in Ordnung ist. Vielleicht aber sagt Ihr Partner, dass Sie recht haben und dass er sich kümmern wird.

> Lassen Sie sich ein Versprechen per Handschlag besiegeln. Das ist nach wie vor für die meisten Menschen beruflich wie privat eine äußerst verbindliche Geste. Man verbürgt sich persönlich. Testen Sie es selbst!

Wenn es Ihnen wirklich auf den Geist geht: ansprechen

Im Extremfall auf die Macke ansprechen Manchmal hat jemand im engeren Umfeld einfach die Macke, alles zu wiederholen. Sprechen Sie das unbedingt an, denn sonst leidet die Beziehung und Sie können sich überhaupt nicht mehr auf den Inhalt konzentrieren – geschweige denn, normal mit dem anderen umgehen:

„Ich weiß, es klingt jetzt vielleicht seltsam, doch dieses aktive Zuhören, also dass du wiederholst, was ich sage, das macht mich mittlerweile ganz wahnsinnig." (freundlich gucken). „Ich weiß, dass du dir nichts dabei denkst und mir wahrscheinlich einfach signalisieren willst, dass du aufmerksam zuhörst ... für mich ist es mittlerweile ein rotes Tuch ..."

Wird Ihnen eine Idee aus dem Mund genommen: richtigstellen!

Sie könnten einfach sagen, was Sache ist: „Das habe ich doch eben gesagt!" oder „Was? Sie haben doch jetzt nur genau das wiederholt, was ich gerade gesagt habe!" oder auch rüder: „Sind Sie mein Papagei?" Das lässt Sie jedoch nicht sonderlich souverän wirken. Wenn Sie aufgebracht sind, wirken Sie schwach. Ist dazu noch Publikum dabei, weil das Gespräch im Kollegenkreis stattfindet, sehen Sie nicht sehr gut aus. Souveräner ist es, wenn Sie sich das Gespräch einfach zurückholen:

Holen Sie sich das „Urheberrecht" zurück

Sie: *„Wir sollten die Messeplanung diesmal früher beginnen. Letztes Mal gab's völlig unnötigen Stress, weil alles kurz vor knapp war."*
Der Wiederholer: *„Die Messeplanung ist sehr komplex. Ich denke, wir sollten dieses mal früher damit anfangen, damit wir gut hinkommen."*
Sie: *„Schön, dass Sie mir da beipflichten ..."* (weiter reden)

Der Triumphierer

- *„Das hätt ich dir gleich sagen können!"*
- *„Ja, das passiert eben, wenn man blauäugig reingeht!"*

Der Triumphierer weiß es besser und kann manchmal nicht verhehlen, dass er sich über ein Missgeschick zu freuen scheint. Triumphierer können leider regelrecht hämisch sein.

Cool bleiben im Umgang mit dem Triumphierer

Bei Triumphierern helfen Ihnen zwei Erkenntnisse:
1. Oft drücken sie sich einfach unbedacht aus. Das heißt: Derjenige meint es nicht so, wie es bei Ihnen ankommt.
2. Wenn klar ist, dass 1. nicht zutrifft und der andere absichtlich triumphiert, dann denken Sie sich: „Zum Glück bin *ich* nicht so!"

Hören Sie auf den Inhalt! Zudem ist es hilfreich, auf den Inhalt zu hören. Wenn der Ton uns ärgert, achten wir nicht mehr richtig auf das, was gesagt wird. Das aber kann dazu führen, dass Sie etwas Wichtiges verpassen.

Strategien zum Umgang mit dem Triumphierer

Wiederholen Sie das Gesagte, minus die Emotionalität

Sachlich in eigenen Worten wiederholen Das ist ein alter, sehr effektiver Kniff, nicht aus der Fassung zu geraten. Ich nutze ihn selbst auch erfolgreich bei Vorträgen oder Seminaren. Es geht ganz einfach: Sie wiederholen das, was der andere sagt, in eigenen, sachlichen Worten. Wenn Sie möchten, hängen Sie eine Frage an:

„Das hätt ich dir gleich sagen können!"
„Du hättest mir also vorher nützliche Informationen dazu geben können."

„Ja, das passiert eben, wenn man blauäugig reingeht!"
„Du bist der Ansicht, ich wäre zu unbedacht an die Sache herange-gangen?"

Das liest sich möglicherweise etwas seltsam, aber es ist sehr effek-tiv! Das laute Aussprechen und „emotionslose" Umformulieren lenkt nicht nur das Gespräch auf eine sachliche Bahn, es fühlt sich tatsächlich für Sie ganz anders an. Sie können mit jedweder Kritik und mit jedem – beabsichtigten oder gefühlten Unterton – viel besser umgehen. Und es beweist natürlich Ihre ultimative Souve-ränität! Probieren Sie es aus!

Umformulieren nimmt dem Gesagten die Schärfe

Weisen Sie den Triumphierer darauf hin, wie es bei Ihnen ankommt

Das ist besonders wichtig, wenn Sie öfter mit diesem Gesprächs-partner zu tun haben. Denn so ein Verhalten ist nicht nur schwer zu verdauen und kann sogar dauerhaft an Ihrem Selbstbewusst-sein kratzen, sondern es belastet auch die persönliche Beziehung. Wenn es unabsichtlich geschieht, ist es wichtig für den anderen, das zu wissen. Wenn es absichtlich geschieht, ist es umso wichti-ger, dass Sie eine klare Grenze ziehen: Mit mir nicht! Natürlich gilt auch hier: Kritik immer wertschätzend äußern und nicht etwa an-greifen oder jammernd reagieren.

- *„Das klingt jetzt fast so, als würdest du dich über meinen Misserfolg freuen. Wenn dem so wäre, wäre das ein sehr unschöner Zug."*
- *„Wenn du mir ‚vorher' etwas Wichtiges hättest sagen können, dann frage ich mich, warum du das jetzt erst im Nachhinein in einem fast schon triumphierend wirkenden Ton anbringst."*
- *„Wenn du mir Blauäugigkeit vorwirfst, komme ich mir vor wie ein dummes Schulkind. Ich möchte mich so nicht fühlen, wenn mein Mann mit mir redet!"*

Ideal ist es, wenn Sie den anderen das Gesicht wahren lassen und mit einer sachlichen Frage eine Brücke bauen:

„Lass uns sachlich darüber sprechen: Inwiefern war ich deiner Mei-nung nach nicht gut genug vorbereitet?"

Nutzen Sie Humor oder eine Redewendung

Ziehen Sie die Sache niemals ins Lächerliche

Wenn Sie eine triumphierende Bemerkung tatsächlich locker sehen oder nichts drauf geben, können Sie auch mit ein wenig Witz darüber hinweggehen oder eine passende Redewendung nutzen. Das funktioniert natürlich nur, wenn Sie diese Retourkutsche auch wirklich locker-flockig bringen:

- *„Weißt du was: Ich hätte mir das im Nachhinein auch gleich sagen können!"*
- *„Ja, hinterher ist man immer klüger. Ich auch."*
- *„Wenn ich nächstens einen Hellseher brauche, wende ich mich vertrauensvoll an dich!"*
- (wohliger Laut) *„Sehr gut, dass du nochmal draufhaust. Da steh ich voll drauf!"*

Der Gutmensch

- *„Ich finde das ja schön, dass du gespendet hast, aber irgendwie reicht das heutzutage nicht mehr aus. Finde ich zumindest. Persönliches Engagement, anderen Zeit zu schenken, das hat eine ganz andere menschliche Qualität."*
- *„Wie, du bestellst Schnitzel?!!! Weißt du nicht, wie Schweine gehalten werden? Tiere haben gar keine Lobby! Dabei sind das auch lebendige Wesen und ich sehe nicht ein, warum sie in der Hierarchie unter uns stehen sollten."*

Bitte den Gutmenschen nicht verwechseln mit guten Menschen! Es ist wunderbar, sich um andere zu kümmern und Werte hochzuhalten. Aber der „Gutmensch" ist jemand, der viel spricht und nicht immer danach handelt – der immer die bessere und ökologischste und überlegteste Meinung hat und manchmal andere schlecht aussehen lässt. Oft ist er sogar eigentlich voller guter Absichten, kann gleichzeitig aber mit seiner endlosen Missioniererei nerven.

Cool bleiben im Umgang mit dem Gutmenschen

Ich finde es sehr schade, dass es den Begriff „Gutmensch" als Beleidigung gibt. Oft wird damit eine gute Tat oder echte Besorgnis herabgewürdigt. Das ist doch schade! Auch ist es hilfreich, sich vor Augen zu führen, dass die Sache, um die es gerade geht, dem anderen einfach sehr wichtig ist. Kennen Sie das nicht auch, dass Sie sich in etwas reinsteigern und im akuten Begeisterungsstadium geradezu missionarischen Eifer entwickeln?

Gute Absichten würdigen

Gehen Sie mit diesem Bewusstsein in ein Gespräch. Sagen Sie sich: „Diese Sache ist meinem Gegenüber wichtig. Darum ereifert er sich. Das heißt aber nicht, dass es mir wichtig sein muss. Und es heißt auch nicht, dass ich mich dafür rechtfertigen muss, dass ich nicht die gleiche Überzeugung habe oder bestimmte Dinge nicht tue."

Versuchen Sie, den Kerninhalt rauszuhören und etwaige unsachliche Anteile einfach „herauszueditieren". Dann bleibt in den genannten Beispielen:

- „*Persönliches Engagement, anderen Zeit zu schenken, das hat eine ganz andere menschliche Qualität.*"
- „*Tiere haben gar keine Lobby! Dabei sind das auch lebendige Wesen und ich sehe nicht ein, warum sie in der Hierarchie unter uns stehen sollten.*"

Da fällt der Blutdruck doch schon enorm, oder?

Strategien zum Umgang mit dem Gutmenschen

Sie haben wie immer mehrere Möglichkeiten, wie Sie sich im Gespräch mit einem Gutmenschen verhalten können:

Zollen Sie ehrlichem Engagement Anerkennung

Gleichzeitig müssen Sie aber natürlich Ihre Grenze ziehen. Das können Sie auf zwei Arten tun. Die erste blockt ein weiteres Gespräch ab, indem Sie ein sehr kurzes Statement abgeben und dann das Gespräch beenden. Entweder indem Sie Ihre Stimme am Ende des Satzes senken, einen bewussten Themenwechsel herbeiführen oder sich anderen Dingen widmen (siehe auch S. 55).

„Ich finde es gut, dass du dich für Tiere einsetzt."

Wichtig ist: Sagen Sie immer nur, was Sie ehrlich meinen, und schmieren Sie dem anderen niemals Honig um den Mund! Dann fällt Ihnen auch ein freundlich-sachlicher Tonfall leicht.

Wiederholen Sie in Ihrer Antwort das Thema, um das es geht. Damit wird die Antwort glaubwürdiger, weil Sie auf Ihr Gegenüber eingehen.

Damit sind wir bei der zweiten Variante: Sie lenken das missionarische oder gar anklagende Gespräch auf eine sachliche Bahn: Das geht ganz einfach, indem Sie sich an die Fakten halten und nicht auf einen etwa gehörten Vorwurf oder Unterton eingehen. Da Sie nicht vom Thema ablenken und Ihre Antwort auch nicht vom Tonfall ein Gesprächsende signalisiert, können Sie nun sachlich weiter darüber sprechen.

Auf sachliche Bahn lenken

„Ich finde es sehr schön, dass es Menschen gibt, die sich ehrenamtlich einsetzen."

Haben Sie es gemerkt? Ich habe bei dieser Antwort die direkte Anrede rausgenommen. Denn vielleicht finden Sie das Prinzip Ehrenamt lobenswert, bringen aber auf keinen Fall ein Lob an Ihr Gegenüber über die Lippen.

Denken Sie daran, dass Sie mit Fragen das weitere Gespräch effektiv lenken können. Sie können also entweder ein Statement abgeben oder eine gezielte Frage stellen, die Sie wirklich interessiert. Das sähe dann so aus:

„Ich finde es sehr schön, dass es Menschen gibt, die sich ehrenamtlich einsetzen. Wie läuft das eigentlich ab? Kann man sich auch für einzelne Projekte stundenweise melden oder geht das nur regelmäßig?"

Stellen Sie das Missionieren ab

Wenn Sie merken, dass Ihr Gesprächspartner in missionarischen Eifer abdriftet, sagen Sie es ihm! Gerade weil ihm sein Thema wichtig ist, möchte er auf keinen Fall andere vor den Kopf stoßen oder durch seinen Eifer nerven. Er möchte ja Aufmerksamkeit gewinnen und andere von etwas überzeugen. Seien Sie freundlich und sachlich, dann kommt es nicht als Kritik mit voller Breitseite an:

Schluss mit der Missioniererei!

„Ich finde es auch gut, Tieren eine Lobby zu geben. Wenn du das aber so sagst, komme ich mir vor, als stünde ich am Pranger und müsste mich rechtfertigen. Das ist mir nicht angenehm, und ich habe dann keine Lust, mit dir weiter darüber zu reden."

Oder Klartext, aber auch den bitte immer sachlich halten: „Ehrenamt ist dir wichtig. Ich spende Geld. Ich finde es – gerade bei diesem Thema – nicht angebracht, aufzuwiegen, was wertvoller ist."

Was, wenn der Missionar nicht aufhört und immer wieder damit anfängt? Wenn Sie einander gut kennen, können Sie danach auch einfach kurz sagen:

„Du missionierst gerade wieder!"

Weisen Sie auf die Schere „Reden – Handeln" hin

Gesagt, getan?   Wenn Sie es mit jemandem zu tun haben, der immer nur eine große Klappe hat, aber selbst nicht entsprechend handelt, dann weisen Sie ihn darauf hin. Diese Worte-Taten-Schere hat man sehr häufig auch im persönlichen Miteinander, dabei muss es gar nicht um Meinungsthemen gehen:

„Ich finde es furchtbar, dass es so viele Kriege in der Welt gibt. Die Amerikaner müssten nur mal … Ich gehe am Wochenende auf eine Friedensdemo. Kommen Sie auch mit?"
„Ich finde es wichtig, das im Alltag auch zu leben. Und so schrecklich Kriege sind, so erschreckt es mich, dass wir Friedensdemos planen, aber hier im Büro ständig mit unseren Kollegen in Streit geraten."

Sie sehen, dass hier ganz klar gesagt wird: „Hey, du kriegst ja nicht mal den Frieden mit der anderen Abteilung hin", aber nicht auf Angriff gebürstet. Denn damit würden Sie nur auf eine Front stoßen.

Es gibt natürlich auch den direkteren Ansatz. Angenommen, Ihre Schwägerin geht Ihnen unentwegt auf die Nerven:

„Das ist ja furchtbar mit den Milchpreisen! Da werden die Bauern ausgeblutet und die Tiere bekommen minderwertiges Essen und die

Industrie und der Staat kassieren! Ich würde sofort mehr bezahlen, damit es den Bauern und den Tieren und der Natur gut geht."
„So löblich das ist: Du kaufst nur im Discounter ein. Und gerade letzte Woche hast du mir stolz präsentiert, dass du am Wochenmarkt den Gemüsehändler runterhandeln konntest."

Wichtig hierbei ist der klare, aber nicht angreifende oder gar sarkastische Tonfall.

Zeigen Sie Nichtwissensgrenzen auf

Manche Gutmenschen haben keine Ahnung vom großen Ganzen und stellen sich die Welt zu einfach vor:

„Das ist so schlimm mit Hartz IV. Davon kann keiner leben. Der Staat sollte unsere Steuern endlich richtig verteilen und den Hartz-IV-Satz verdreifachen. Dann muss man die paar schwarzen Schafe ausfiltern."

Hier können Sie entweder mit Fakten aufwarten und so die Komplexität des Themas zeigen. Oder das eigene Nichtwissen thematisieren und so die Vielschichtigkeit unterstreichen (s. S. 39).

Der Obszönling

- *„Was ist der Unterschied zwischen einem Kantinenessen und einer Ehefrau? Es gibt keinen. In beiden stochert man lustlos rum!"*
- *„Na, Sie wurden wohl schon lange nicht mehr rangenommen?"*

Ich persönlich kenne nichts Ätzenderes als Freunde der derben Rede: Obszönitäten, ob als verunglückter Flirtversuch, provokante Anspielung oder vermeintlich lustige Zweideutigkeiten finde ich nur eins: peinlich. Übrigens: Der Obszönling ist nicht zwingend männlich. Es gibt auch Frauen, die ganz schön derb unterwegs sind.

Cool bleiben im Umgang mit dem Obszönling

Person, Ort und Zeit sind wichtig

Derbe Anspielungen haben verschiedene Motive:

- **Humor:** Was lustig ist, ist Geschmackssache. Daher kann es sein, dass Sie genauso allergisch wie ich auf Obszönitäten reagieren – andere finden das jedoch gar nicht schlimm, sondern sogar urkomisch, oder hauen mit einer ebenso derben Retourkutsche in die gleiche Kerbe.
- **Unsicherheit**: Manche Menschen sind ungeschickt, beispielsweise, weil sie eigentlich sehr unsicher sind und nun gehört oder gelesen haben, dass sie einfach einmal nach vorne preschen sollen. Oder sie haben einen coolen Spruch gelesen und kommen nicht auf die Idee, dass dieser schlecht ankommen könnte. Unsicherheit ist auch das Motiv, wenn jemand keine anderen Argumente mehr hat, als gezielt unter die Gürtellinie zu schlagen.
- **Lust auf Provokation**: Wieder andere wollen einfach sehen, wie sich das Gegenüber windet, vielleicht sogar rot wird.
- **Machtausübung:** Die verschärftere Version der Provokation ist, wenn ein Quälfaktor mit hineinspielt und sich der andere regelrecht daran ergötzt, dass Sie verlegen werden, sprachlos oder peinlich berührt sind.

Strategien zum Umgang mit dem Obszönling

Reagieren Sie auf keinen Fall beleidigt, verbissen oder zickig: Dadurch fordern Sie Ihr Gegenüber nur noch mehr heraus („Jetzt erst recht!") oder Ihr Verhalten amüsiert so, dass man Sie künftig mit weiteren Obszönitäten konfrontiert, nur um Ihre Reaktion zu genießen. In diesen Fällen können Sie selbstsicher und gelassen so reagieren:

Reden Sie Klartext
„Ich kann über so was nicht lachen."

Das ist nicht lustig. Punkt.

Schauen Sie dabei sachlich-ernst, aber nicht säuerlich. Und: Lachen Sie natürlich auf keinen Fall doch über die Bemerkung und gehen Sie auch nicht weiter darauf ein. Auf diese Weise erweisen Sie sich nicht als willkommenes Publikum und der Witzbold wird sich andere Zuhörer suchen.

Bringen Sie eine lockere Retourkutsche
Manchmal führt eine Zweideutigkeit dazu, dass einem ein guter Spruch einfällt. Wenn Sie es mit Humor nehmen und dem anderen gekonnt eine „mitgeben", dann ist auch das eine gute Möglichkeit. Wichtig ist, dass Sie den anderen nicht lächerlich machen oder selbst grob anreden oder gar verletzen.

Zweideutigkeit kann zu Humor führen

Stellen Sie sich dumm
Fragen Sie nach („Was meinen Sie genau?") oder lassen Sie sich den Witz erklären. Das nimmt das Witzpotenzial raus und richtet die Aufmerksamkeit auf den Spaßvogel. Das kann diesem ganz schön peinlich sein, wenn Sie ihn so sachlich-interessiert konfrontieren und sich nicht etwa peinlich berührt winden.

Ziehen Sie eine unmissverständliche Grenze
Damit machen Sie klar, dass Sie mit derlei Bemerkungen auch künftig nicht behelligt werden möchten. Was überhaupt nichts bringt, sind Grundsatzdiskussionen à la „Darf man ‚solche' Witze machen?", „Sind obszöne Anspielungen frauenfeindlich?". Bleiben Sie sachlich, halten Sie Blickkontakt und sagen Sie ganz ruhig:

„Ich finde obszöne Witze ziemlich daneben und möchte Sie bitten, in meiner Gegenwart keine mehr zu erzählen."

Wenn derjenige das nicht akzeptiert und das nächste Mal wieder damit anfängt, wiederholen Sie es, so oft es nötig ist:

„Ich sagte Ihnen, dass ich das nicht hören will."

Wichtig ist, dass Sie das nicht ironisch oder überzogen sagen und dass Sie sich auf keine weiterführende Diskussion einlassen.

Und was, wenn Ihnen Humorlosigkeit vorgeworfen wird?

Spaßbremse? Lassen Sie sich nicht irritieren, wenn Sie als Spaßbremse bezeichnet werden! Sie können auf diesen Vorwurf auf drei Weisen reagieren: die Bemerkung einfach ignorieren (bewusst überhören), sachlich kontern oder kurz und knapp verneinen:

- *„Das hat nichts mit Spaßbremse zu tun. Für mich sind Obszönitäten weder lustig noch angebracht. Ich möchte sie einfach nicht hören.".*
- *„Ich wusste nicht, dass du zum Lachen in den Keller gehst!"*
  „Das tue ich auch nicht."

Ein anderes Kaliber ist es, wenn es sich um absichtliche Schläge unter die Gürtellinie handelt, die Sie angreifen oder herabwürdigen. Dann ist es wichtig, dass auch Ihre Reaktion entsprechend „machtvoller" ausfällt:

Zeigen Sie, dass die Bemerkung eher dem Sprüchemacher weh tut
Dabei gehen Sie überhaupt nicht auf den Inhalt ein, sondern auf den Spruch generell. Achten Sie wiederum auf eine sachliche, „normale" Sprechweise und halten Sie unbedingt Blickkontakt:

- *„Diese Art zu antworten kann ich nur so deuten, dass Sie sich momentan ziemlich bedroht fühlen."*
- *„Diese Bemerkung sagt sehr viel über Sie aus."*

Führen Sie zum eigentlichen Thema zurück

Sie können auch einfach kurz eine betonte Pause einlegen, dem anderen vielsagend und schweigend in die Augen sehen – und anschließend besonnen zum eigentlichen Thema zurückführen.

Sachlich zurück zum Thema kommen

„Diese Bemerkung ist ein Armutszeugnis für Sie. Zurück zum Thema: ..."

Halten Sie sich also nicht weiter mit der Bemerkung auf! Es geht nicht darum, eine Diskussion darüber zu führen oder den anderen nun an den Pranger zu stellen. Sehr viel professioneller und souveräner ist es, darauf klar und unmissverständlich einzugehen, dann aber wieder zur Tagesordnung überzugehen.

Nehmen Sie den anderen in die Pflicht

Wenn Sie den anderen nicht einfach so davonkommen lassen möchten und sich dazu in der Lage fühlen, sagen Sie mit fester Stimme, wie es Ihnen mit so einem Verhalten geht. Halten Sie dabei unbedingt Blickkontakt:

- *„Ich bin sehr betroffen, dass Sie so mit mir reden."*
- *„Sie verletzen mich gerade."*

In jeder Lebenslage souverän agieren

Stellen Sie sich folgende Situation vor: Sie haben zum wiederholten Mal etwas vergessen. Nichts Tragisches. Ihre allerliebste Freundin schüttelt den Kopf und bemerkt: „Das war ja mal wieder typisch!"

Jetzt stellen Sie sich das Ganze mit jemandem vor, den Sie nicht leiden können. Gleiche Sache. Gleiche Wortwahl. Gleicher Tonfall. Völlig andere Wirkung!

Eigener Standpunkt zählt

Als ob das noch nicht genug wäre, kommt auch noch hinzu, wie wir selbst zu einer Sache stehen. Denn das beeinflusst natürlich ebenso, wie wir etwas interpretieren. Sie kennen ganz bestimmt Situationen, in denen Sie ganz besonders sauer reagiert haben, weil Ihr Gegenüber einen wunden Punkt getroffen hat. Das können bestimmte Erfahrungen, Selbstzweifel oder ein schlechtes Gewissen sein.

In drei Schritten können Sie in jeder Lebenslage souverän (re)-agieren:
1. **Den Inhalt von der emotionalen Bewertung unterscheiden.** Trainieren lässt sich das, indem Sie den Inhalt wertungsfrei heraushören.
2. **Mit der eigenen Interpretation „in die Breite" gehen,** das heißt Raum für andere Möglichkeiten lassen. Trainieren lässt sich das mit Gedankenspielen: Überlegen Sie sich immer, wenn Sie eine Annahme treffen, möglichst viele weitere Möglichkeiten dazu.
3. **Jeweils gezielt auf die Aussage eingehen:** sachlich, inhaltsbezogen. Entscheiden Sie von Fall zu Fall, ob Sie auf die emotionale Bewertung eingehen möchten.

Klingt noch etwas theoretisch? Machen wir's praktisch:

Ihr Chef sagt:	„Denken Sie aber dieses Mal dran, die Zahlen nochmal zu checken!"
Sie interpretieren/ denken sich:	1. Der Chef vertraut mir nicht/hält mich für schlampig. 2. Nur, weil ich ein einziges Mal einen Fehler gemacht habe, hält er mir das jetzt immer vor! 3. Er sollte mal genauer diktieren, dann müsste ich nicht alles doppelt nachprüfen.
Der Inhalt ist:	Bitte gleichen Sie die Zahlen ab.

Ein Kunde sagt:	„Auch wenn Sie gerade die Vertretung machen: Ich würde lieber mit Herrn Maurer sprechen."
Sie interpretieren/ denken sich:	1. Blöder Kunde. Hält mich nicht für kompetent. 2. Er akzeptiert nicht, dass ich ihm nicht gebe, was er haben will, und versucht, über den Kollegen doch noch ein „Ja" zu bekommen. 3. Der hat wohl was gegen Frauen!
Der Inhalt ist:	Der Kunde möchte mit dem gewohnten Ansprechpartner reden.

Ihre Freundin sagt:	„Ein richtiger Freund ist immer für einen da!"
Sie interpretieren/ denken sich:	1. Sie unterstellt mir, dass ich kein richtiger Freund bin!
	2. Aha: Ihr ist meine Meinung nicht recht und schon gibt es was an der Freundschaft zu kritteln.
	3. Zweifelt sie an mir? Hätte ich was anders sagen sollen?
Der Inhalt ist:	Ein Freund ist immer für einen da.

Unsere Gedanken sind immer gefärbt

Sie sehen anhand der Beispiele, dass unsere Gedanken immer von unserer Interpretation abhängen. Wenn ich sowieso sorgfältig bin und Zahlen immer nochmal überprüfe, dann muss mich die Aufforderung meines Chefs nicht nerven. Wenn ich aber annehme, dass er mir misstraut, oder selbst noch sauer bin, weil mir letztens ein blöder Fehler unterlaufen ist, werde ich sein Statement emotional aufgeladener „hören". Doch das ist nur meine Interpretation, das muss so nicht gemeint sein!

Damit Ihnen dieses Buch nicht nur situationsbezogen aus der Patsche hilft, sondern Sie Ihre Kommunikationsstärke generell trainieren, ist es wichtig, dass Sie sich nach diesem Muster selbst coachen: Wenn Sie das nächste Mal wieder in so einer Situation sind (oder diese vielleicht durch bestimmte Pappenheimer ständig erleben), dann setzen Sie sich einfach mal gemütlich mit Zettel und Stift hin und hinterfragen das Gesagte auf diese Weise.

Je mehr Sie daran denken und je öfter Sie sich in der Anfangsphase hinsetzen und das wirklich durchexerzieren, desto schneller merken Sie, dass Ihre Aufmerksamkeit und Ihre Handlungsfähigkeit sich verbessern und Sie mehr Gelassenheit aufbringen.

5. Mehr als nervig: Gespräche, die gar nicht guttun

Manche Gesprächspartner oder -themen tun einem gar nicht gut: Sie rauben Ihnen Selbstbewusstsein, drängen Sie in die Ecke oder lassen Sie glauben, Sie müssten sich sogar wegen irgendetwas rechtfertigen.

In diesem Kapitel sehen wir uns an

- wie Sie mit Runterziehern, Cholerikern und Konsorten umgehen können,
- was Sie tun können, damit Ihnen andere erst gar nicht so unter die Haut gehen,
- wie Sie, wenn es dazu gekommen ist, negative Auswirkungen abschütteln können.

Absolute No-nos

- **Sich selbst in Frage stellen:** Gut ist, sich konstruktiv zu hinterfragen! Das ist jedoch ein großer Unterschied dazu, sich in Frage zu stellen.
  Wenn jemand Ihnen ein schlechtes Gewissen macht oder Sie sich regelrecht klein fühlen, dann bringt er Sie durch sein Verhalten in die Defensive. Dieses automatische „Ich habe wohl etwas falsch gemacht!" (oder auch: „Habe ich etwas falsch gemacht?") ist nicht angebracht, denn Sie nehmen die emotionale Schieflage, die der andere herstellt, als gegeben hin.

- **Sich dem immer wieder aussetzen:** Tut Ihnen ein Gesprächspartner nicht gut, hat das negative Auswirkungen auf Sie. Wenn ein Freund Sie unentwegt zujammert, drückt er Ihre Stimmung gleich mit. Wenn Ihr Chef Sie täglich zusammenschreit, nimmt Ihr Selbstbewusstsein Schaden. Ihre Lebensqualität leidet. Schluss damit!
- **Aggressiv reagieren:** Wütend zu werden dient weder der Sache, noch der Beziehung – es schadet zudem Ihrem Image. Wenn Sie unsicher sind, finden Aggressionen ein anderes Ventil: Ihr Umfeld, das möglicherweise gar nichts damit zu tun hat, leidet darunter. Oder Sie lenken alles nach innen, werden unleidig und bekommen vielleicht sogar gesundheitliche Probleme.

Hand aufs Herz:
Was greift Sie an?

Dieses Kapitel fällt etwas aus der Reihe, denn die Gesprächspartner, die ich Ihnen gleich vorstelle, sind nicht nur nervig, sondern können ganz extreme Auswirkungen auslösen: Sie können Sie dazu bringen, dass Sie Ihre Lebensqualität einschränken, weil Sie sich ständig ärgern oder andauernd zurückstecken. Sie können an Ihrem Selbstbewusstsein kratzen, und das sogar bleibend. Und sie können Ihnen im Extremfall das Leben sogar zur Hölle machen.

Souverän und selbstsicher zu (re)agieren gelingt Ihnen besonders in diesen Fällen am besten, wenn Sie sich damit auseinandersetzen, was genau Sie überhaupt angreift und warum. Das ist immer der Schlüssel für gutes Selbstmanagement: zu konkretisieren, worum es geht, und sich bewusst zu machen, wie es sich auf Sie auswirkt. Und damit meine ich auch, wie sich Ihr eigenes Verhalten auf Sie selbst auswirkt.

Von der Selbsterkenntnis zur Handlungsfähigkeit

Mein Vorschlag: Lesen Sie das Kapitel durch. Wenn Sie auf einen Gesprächstypen stoßen, der Sie nicht nur nervt, sondern bei dem Sie merken, dass Sie diese Art regelrecht belastet, blättern Sie hierher zurück und tragen Sie in der Tabelle auf S. 110 ein, wie Sie darauf reagieren. Wenn Sie verschiedene Reaktionen auf den gleichen Gesprächspartner haben, machen Sie mehrere Kreuze.

Diese Übung hilft Ihnen übrigens auch ganz generell: Sie üben, differenzierter hinzusehen und die Auswirkungen unangenehmer Situationen auf sich klarer zu erkennen.

Nehmen Sie sich ein bis zwei Stunden Zeit (je nachdem, wie viele Gesprächspartner Sie als belastend identifiziert haben). Konkretisieren Sie Ihre Antworten. Am einfachsten geht das, wenn Sie einen angefangenen Satz als Starterkabel für Ihre Gedanken nutzen. Fangen Sie für jede Reaktion einen eigenen Satz an. Sie finden Beispiele dafür auf S. 111.

Das macht mich:

	:(traurig	>:(verstimmt	ängstlich	ratlos	wütend
Runterzieher, S. 112					
Beratungsresistente Leute, S. 116					
Lästerer, S. 120					
Emotionale Erpresser, S. 123					
Choleriker, S. 126					

Gibt es weitere Gesprächstypen, die Ihnen nicht guttun?

- *„Choleriker machen mich ängstlich, weil ... "*
- *„Ich zweifle dann an ... "*
- *„Gleichzeitig werde ich wütend, weil ... "*

Was fällt Ihnen spontan ein?

Und dann schreiben Sie einfach ohne groß darüber nachzudenken, was Ihnen in den Sinn kommt. Schreiben Sie drauflos und stoppen Sie sich nicht. Das muss nicht nur ein Satz sein, es können ein Absatz oder zwei Seiten sein. Je mehr Sie gerade unter so einem Gesprächspartner leiden, desto mehr wird es aus Ihnen herausbrechen. Sie werden sehen, dass sich das sogar gut anfühlt, denn es erleichtert.

Es ist sehr wahrscheinlich, dass Sie bei dem einen oder anderen Gesprächstypen an eine bestimmte Person denken. Dann sind Sie vielleicht versucht zu schreiben:

„Alfred macht mich wütend, weil ... " oder *„Mein Chef macht mich wahnsinnig, weil er ... "*

Das ist nicht gut, denn Sie würden in diesem Fall die Emotionen ganz heftig hochputschen und Ihre Antworten wären weniger auf Sie selbst gerichtet als auf das, was der andere in Ihren Augen alles falsch macht oder wie unfair oder gemein er ist. Das ist kein Selbstcoaching, das zu etwas führt, sondern es ist Schimpfen. Es kann sich kurzzeitig wie ein Ventil anfühlen, ist jedoch meistens kontraproduktiv, weil Sie sich hineinsteigern und sich damit die Fronten erhärten.

Bleiben Sie bei sich selbst!

Sie möchten ja gut mit für Sie schwierigen Gesprächssituationen umgehen und das auf eine Weise, die Sie weniger angreift. Helfen Sie sich dabei, indem Sie auf eine konstruktive Gedankenbahn umschwenken und sich nicht auf eine bestimmte Person einschießen.

Der Runterzieher

- *„Das schaffst du nie. Du bist nicht der Typ dazu. Du kannst dich einfach nicht durchsetzen."*
- *„Das ist ja sehr mutig von dir, dich selbstständig zu machen. Ich würde das nicht machen. Immerhin scheitern die meisten Neugründungen schon nach einem Jahr und du hast in dem Bereich ja gar keine besondere Erfahrung."*

Genug Gespräche laufen so ab. Sie können die gleich vorgestellten Vorgehensweisen in diesen Situationen wunderbar einsetzen.

Cool bleiben im Umgang mit Runterziehern

Schwarzseher haben es schwer

Gehen Sie nicht gleich in die Defensive und werden Sie bitte auch nicht sofort wütend auf den anderen. Denken Sie daran: Wie jemand die Welt sieht, hat immer mehr mit ihm selbst zu tun. Ein ständig negativer Mensch mag Ihnen gehörig auf die Nerven gehen, doch versetzen Sie sich in ihn hinein: Wie beschwerlich muss das Leben sein, wenn man alles nur schwarz sieht. Oder wenn man – wie es einige weitere Typen in diesem Kapitel tun – andere kleinmachen muss, um selbst besser dazustehen.

Hören Sie dennoch gut hin, was jemand zu sagen hat, der skeptisch oder negativ ist, auch wenn derjenige ein notorischer Runterzieher ist: Sie müssen nicht mögen, wie er etwas sagt, doch Sie sollten in Ihrem eigenen Interesse immer überprüfen, ob inhaltlich nicht doch ein wertvoller Tipp enthalten ist. Allzu oft nehmen wir den Inhalt nicht mehr wahr, wenn uns die Form missfällt, und verpassen dadurch so manches Mal wichtige Hinweise.

Strategien zum Umgang mit dem Runterzieher

Fragen Sie nach

Nachfragen ist Ihr allerbestes Werkzeug, wenn Sie es mit einem Runterzieher zu tun haben. Es bringt Ihnen gleich mehrere Vorteile:

- Sie versachlichen das, was Ihr Gegenüber gesagt hat, und nehmen damit negativ gefärbte Emotionen heraus, was Ihnen ermöglicht, souverän zu agieren.
- Sie filtern dadurch wie beim Goldschürfen für Sie möglicherweise nützliche Inhalte heraus.
- Sie zwingen Ihr Gegenüber zu Sachlichkeit und Fakten.
- Der andere entlarvt sich schnell selbst, wenn er auf Ihre konkreten Nachfragen inhaltlich nichts beisteuern kann.

Stellen Sie immer offene Fragen, zum Beispiel:

zum Inhalt:
- *„Inwiefern glauben Sie, dass …?"*
- *„Was genau meinen Sie, wenn Sie sagen …?"*

zum positiven Ausblick:
- *„Was müsste deiner Meinung nach sein, um …"*
- *„Welche konkreten Tipps geben Sie mir dazu?"*

oder auch zum Motiv:
- *„Warum sagen Sie, dass …?"*
- *„Würden Sie das auch sagen, wenn …?"*

Offene Fragen „neutralisieren"

Sie wissen bereits, worauf es beim Fragen ankommt: Stellen Sie Ihre Frage sachlich, indem Sie den Inhalt in eigene Worte fassen. Schweigen Sie. Sehen Sie den anderen freundlich-interessiert an und warten Sie auf die Antwort. Wenn er ausweicht oder seine ursprüngliche Aussage einfach wiederholt, bleiben Sie beharrlich: „Nein, das ist mir wichtig." Wiederholen Sie Ihre Frage – wenn es sein muss, mehrmals. Sie werden auch bei Schweigen oder Ausflüchten gut gegensteuern können, wenn Sie sich erinnern, dass Sie den anderen nun in die Zange nehmen. Auf konstruktive Weise!

Auf Antwort bestehen

Geben Sie ein kurzes, sachliches Statement

Damit beenden Sie das Gespräch. Sie müssen nicht genauer über eine Sache sprechen. Vielleicht kommt das Statement auch von jemandem, der sich ungefragt einmischt. Quittieren Sie eine Meinung einfach sachlich, indem Sie auf den Inhalt oder die Art und Weise kurz und knapp eingehen. Natürlich mit ruhiger, fester Stimme.

„Das ist ja sehr mutig von dir, dich selbstständig zu machen. Ich würde das nicht machen. Immerhin scheitern die meisten Neugründungen schon nach einem Jahr und du hast in dem Bereich ja gar keine besondere Erfahrung."
„Ja, ich finde mich auch mutig. Selbstverständlich habe ich mich gründlich informiert und werde typische Anfängerfehler nicht machen."

„Das schaffst du nie. Du bist nicht der Typ dazu. Du kannst dich einfach nicht durchsetzen."
„Findest du es gut, so zu verallgemeinern: Ich schaffe das nie, *ich bin* nicht der Typ *und* kann mich einfach nicht durchsetzen?"*

Stellen Sie die Wirkung in den Mittelpunkt

Durch Klarheit erziehen Ist der Runterzieher jemand, mit dem Sie öfter zu tun haben, ist die gute Nachricht, dass Ihr Gegenüber durch das souveräne Nachfragen in der Regel lernt, dass er nur mit konstruktiven Inhalten weiterkommt. Die Wahrscheinlichkeit, dass Ihr Gesprächspartner sich nach und nach einen anderen Kommunikationsstil Ihnen gegenüber angewöhnt, ist sehr groß.

Ist dem nicht so beziehungsweise haben Sie keine Geduld, ihm sachlich zu begegnen, können Sie ansprechen, wie das Gesagte bei Ihnen ankommt. Sagen Sie es bitte dazu, wenn Sie wissen, dass der andere es nicht böse meint. Es ist wichtig, dass Ihre Aussage nicht wie ein Vorwurf ankommt, sonst kommt es zum Mauern:

„Ich weiß, du möchtest mich vor einem Misserfolg bewahren. Allerdings wünsche ich mir von meinem Mann, dass er mich unterstützt. Lass uns gerne über Risiken reden. Ich freue mich auch, wenn du mir ehrlich sagst, wo du Hürden bei mir siehst. Doch formuliere es bitte nicht so, dass du mir jede Zuversicht nimmst."

Haben Sie bald keine Lust mehr, den anderen in Pläne einzuweihen, sagen Sie auch das: Freundlich. Klar. Mit erwartungsvollem Schweigen.

„Ist Ihnen schon aufgefallen, dass Sie auf jeden Vorschlag von mir pessimistisch reagieren? Ehrlich gesagt, fällt es mir langsam aber sicher schwer, Sie noch in meine Pläne einzuweihen – geschweige denn, Sie um Rat zu bitten."

Der Beratungsresistente

- *„Ja, das ist ein guter Tipp, aber das geht nicht, weil …"*
- *„Bei mir ist es was ganz anderes. Mit dem kann man nicht reden! …"*

Da bittet Sie jemand um Unterstützung, steht Ihnen aber wie in einem Tennismatch gegenüber, um jeden Rat sofort zu Ihnen zurückzuprellen. Irgendwann sind Sie es leid: Warum fragt er denn, wenn er gar nicht daran interessiert ist, etwas zu ändern?

Cool bleiben im Umgang mit Beratungsresistenten

Wunsch nach Aussprache

Stellen wir eines klar: Der Begriff „beratungsresistent" ist natürlich eine unfaire Bewertung. In Wirklichkeit liegen verschiedene Gründe vor, wenn jemand einen Rat vermeintlich nicht annehmen kann – auf beiden Seiten.

Sehr häufig ist es so, dass jemand einfach gerne über etwas sprechen möchte. Selbst hat man schnell eine Lösung parat oder ein „Wenn ich du wäre", doch derjenige, der sein Problem erzählt, ist noch nicht so weit – oder vielleicht auch überhaupt nicht an Rat interessiert. Das klingt verzwickt, und das ist es manchmal auch. Die einen möchten gar nicht lösungsorientiert an die Sache herangehen. Andere wiederum möchten nur darüber reden, um Rückenstärkung zu bekommen, etwas loszuwerden oder weil sich die Dinge durch das laute Aussprechen besser „sortieren" lassen. Manchmal ist auch der Zeitpunkt noch nicht richtig: Erst will eine Angelegenheit verdaut werden, bis man bereit ist, Lösungen anzugehen.

Auch Sie selbst tragen möglicherweise dazu bei, dass Ihr Rat nicht angenommen wird: Beispielsweise, wenn Sie aus Ihrer Sicht vorschlagen, was Sie tun würden, diese Vorgehensweise dem anderen jedoch einfach nicht entspricht. Oder wenn Sie „klug daherreden", obwohl Sie sich in ähnlicher Lage anders verhalten haben.

Strategien zum Umgang mit dem Beratungsresistenten

Richten Sie am besten zunächst Ihre Antennen aus und finden Sie heraus, ob Ihr Gegenüber überhaupt einen Rat möchte. Das erkennen Sie daran:

Ist überhaupt Rat gewünscht?

- Wie wurde die Frage gestellt?
- Wie ist die Reaktion, wenn Sie Nachfragen oder schon Lösungsvorschläge bieten?

Häufig ergibt sich aus der Formulierung und dem Tonfall eindeutig, dass der andere nur etwas erzählen möchte. Wenn Sie unsicher sind, fragen Sie einfach nach:

„Ich weiß jetzt gar nicht, ob Sie dazu einen Rat von mir möchten ...?"

Wenn Sie direkt eine mögliche Lösung parat haben, bieten Sie sie erstmal an, anstatt sie direkt zu präsentieren:

„Ich hätte eine Idee, wie sich das lösen lässt. Möchtest du sie hören?"

Auf diese Weise vermeiden Sie es, ungebeten Rat zu geben (was auch nerven kann, s. S. 57), und Sie stellen sicher, dass Ihre Empfehlung besser angenommen wird, denn Ihr Gegenüber weiß sich ernst genommen und fühlt sich nicht belehrt.

Ungebetenen Rat vermeiden

Wie aber umgehen mit den Leuten, die tatsächlich jeden Rat abschmettern und doch immer wieder ankommen – vielleicht sogar dasselbe Problem endlos mit sich herumtragen, ohne je auch nur einen Versuch zu machen, es zu lösen? Manchmal kommt es einem als Außenstehendem vor, als ob sich jemand in seiner Rolle wohlfühlt, etwa ein ständiges Opfer ist oder sich in prinzipieller Antihaltung gefällt. In diesem Fall haben Sie wieder verschiedene Möglichkeiten, je nachdem, was Ihr Ziel ist.

Problem in ruhigem Moment ansprechen

Diese Strategie ist geeignet, wenn Ihnen an der Person liegt, Sie diese Eigenschaft aber nicht mehr ertragen können. Sagen Sie in einem ruhigen Moment, wie es Ihnen damit geht: Beispielsweise im Arbeitsumfeld:

„Sie schimpfen immer über den Chef, weil Sie sich nicht genug anerkannt fühlen. Wir haben schon öfter darüber gesprochen und ich habe Ihnen geraten, ein Gespräch zu vereinbaren und mit dem Chef zu reden. Das tun Sie nicht. Dadurch kann sich allerdings auch nichts ändern. Ich fühle mich mittlerweile wie in einer Wiederholungsschleife: Sie schimpfen. Ich rate zum Gespräch. Das möchten Sie nicht. Sie schimpfen …" (Pause, erwartungsvoll und freundlich schauen)

Oder mit jemandem, der Ihnen näher steht und Sie gleichzeitig auch das Gefühl haben, dass die Person sich selbst keinen Gefallen tut:

„Du bist mir eine liebe Freundin, doch ich bin wirklich irritiert, wenn du mich um Rat fragst und alles, was ich sage, sofort mit ‚das geht nicht' und ‚ja, aber' quittierst. Das ist für mich nicht schön, weil ich das Gefühl habe, du schmetterst alles automatisch ab. Und es macht mich auch etwas traurig, weil ich gleichzeitig sehe, wie du dich mit Problemen quälst …"

Ein Klassiker ist es auch, wenn Zuhören mit Ratgeben verwechselt wird und zu Streit führt:

„Wenn du mich fragst, was ich tun würde, gehe ich davon aus, dass du einen Rat möchtest. Das ist offenbar nicht der Fall, denn wenn ich Lösungen vorschlage, wirst du sauer, weil ich dir nicht zuhöre. Sag mir doch bitte, was du dir wünschst, sonst bist du sauer, weil ich dir Lösungsvorschläge mache, und ich bin sauer, weil du mich abbügelst. Wie wollen wir das künftig machen?"

Wenn es nur um ein einziges Thema geht, wo Ihr Gegenüber diese Angewohnheit zeigt, dann sparen Sie das Thema einfach gemeinsam aus, s. S. 69: „Ein Thema, bei dem Sie immer im Clinch sind".

Sagen Sie, dass Sie in Ruhe gelassen werden möchten
„Ehrlich gesagt möchte ich darüber nicht mehr sprechen. Wir haben das Problem schon dutzende Male erörtert, doch alle meine Vorschläge scheinen nicht das Richtige für Sie zu sein. Ich habe Ihnen dazu alles gesagt, was ich sagen kann."

Bitte überprüfen Sie, wann Ihnen jemand „beratungsresistent" erscheint. Einen Rat zu geben heißt nicht, dass die Person alles auch annehmen, geschweige denn genau so umsetzen muss. Auch Ratgeber liegen manchmal daneben, etwa wenn eigene Erfahrungen und Rahmenbedingungen übergestülpt oder als „Maß aller Dinge" angesehen werden.

Der Lästerer

- *„Die Karin macht wohl eine Sahnetortendiät!"*
- *„Der Maier schleimt sich ganz schön beim Chef ein, was? Naja, wenn die Zahlen nicht stimmen, muss es halt so gehen ..."*

Lästern ist kein Kavaliersdelikt! Es ist abfälliges Hinter-dem-Rücken-Reden, und ich habe noch nie jemanden getroffen, dem das angenehm wäre.

Cool bleiben im Umgang mit Lästerern

Lästern sagt viel über den Lästerer aus

Lästern wird oft als ein schönes Ventil angesehen. Man braucht kein schlechtes Gewissen zu haben – es ist ja nicht so gemeint. Lästern ist in dieser Sichtweise eine Gedankenlosigkeit oder legitime Unterhaltung. Zumindest so lange, wie es den Lästerer nicht selbst betrifft.

Aber es kann auch böse gemeint sein. Dann ist Lästern in der Regel aus der Unsicherheit geboren. Man möchte jemanden kleinmachen, will von sich selbst ablenken, ist auf den anderen neidisch. Oder man hat mit Vorurteilen zu kämpfen, ist sehr ungnädig mit sich selbst und richtet das auf andere. Es kann auch sein, dass man unbedingt dazugehören will, bei anderen gut ankommen oder als besonders witzig gelten möchte.

Strategien zum Umgang mit dem Lästerer

Lästern beschädigt das Image

Auch wenn Sie gerade den Kopf schütteln, weil Sie auch zu denjenigen gehören, die das nicht so tragisch finden: Lästern kann Ihr Image bei anderen ganz schön beschädigen, sogar, wenn Sie es selbst zwar nicht billigen, aber stumm danebenstehen.

Leute, die miteinander über einen Dritten lästern, fühlen sich im Moment des Gespräches zwar verbunden und unterhalten sich vielleicht blendend, doch das täuscht nicht darüber hinweg, dass man sich gleichzeitig misstrauen wird: Wie redet denn mein Gegenüber über mich, wenn ich nicht da bin? Je böser die Lästereien, desto größer ist die Angst, dass man selbst zur Zielscheibe wird. Die Folge: Vertrauensverlust. Ihr Gesprächspartner und auch andere, die mitbekommen, dass Sie gerne mal lästern, werden sich vorsichtiger verhalten, Sie nicht mehr in alles einweihen oder sogar auf Abstand gehen. Das ist auch der Fall, wenn Sie selbst gar nicht mitmachen, sondern nur dabeistehen.

Sie können sich, wenn jemand lästert, einfach räumlich distanzieren. Wenn Sie jedoch in einer Gesprächsrunde sitzen oder jemand immer wieder einen Anlauf macht, Sie hineinzuziehen, ist es wichtig, etwas zu sagen – auf gute Weise! Denn das Ziel soll nicht sein, den Lästerer vorzuführen. Die beste Möglichkeit ist darum wieder ein freundliches Statement in der Ich-Perspektive:

„Die Karin macht wohl eine Sahnetortendiät!"
„Ich finde es nicht gut, über das Gewicht anderer zu sprechen. Ich selbst würde auch nicht wollen, dass jemand über mich spricht, wenn ich ein paar Kilo zulege."

„Der Maier schleimt sich ganz schön beim Chef ein, was? Naja, wenn die Zahlen nicht stimmen, muss es halt so gehen …"
„Ich fühle mich nicht wohl damit, so über Herrn Maier zu sprechen."

Gehen Sie dann zu einem anderen Thema über oder widmen Sie sich wieder Ihrer Arbeit. Sonst fühlt sich der andere in eine Ecke gestellt und rechtfertigt sich oder es entsteht eine Grundsatzdiskussion zum Thema Lästern.

Sie können auch jederzeit freundlich sagen:

„Da ich es nicht möchte, dass man über mich negativ in meiner Ab-wesenheit spricht, habe ich es mir zur Angewohnheit gemacht, es selbst auch niemals zu tun."

Aussprache vorschlagen Wenn Sie durch die Art oder den Inhalt erkennen, dass Ihr Gegen-über in Wirklichkeit ein Problem mit einer anderen Person hat, dann ermutigen Sie es, das anders zu lösen:

„Ich weiß, dass Sie sauer sind, weil Herr Maier Sie einige Male schief angeredet hat, und ich finde das auch nicht gut. Wäre es nicht besser, das Gespräch zu suchen und das aus der Welt zu schaffen?"

Der emotionale Erpresser

- *„Ich verstehe, dass Sie das dem Chef sagen müssen. Es kann natürlich sein, dass ich dann die Probezeit nicht überstehe."*
- *„Vielleicht hat unsere Beziehung dann so doch keinen Sinn ..."*

Bei der emotionalen Erpressung packt uns der andere bei den Gefühlen: Er erinnert uns beispielsweise an Verpflichtungen, die sich aus früheren Gefallen oder Beziehungen ergeben. Er setzt den Hebel dort an, wo es ihm „wegen uns" schlecht geht. Das kann eine Einzelsituation sein, es kann aber auch jemand sein, der Ihnen ständig auf diese Tour das Messer auf die Brust setzt. Emotionale Erpressung kann auch nonverbal erfolgen: beleidigt oder verletzt schauen, sich nicht mehr melden oder das auf Seite 74 näher angesprochene Schweigen.

Cool bleiben im Umgang mit emotionalen Erpressern

Oft fühlt sich der andere nicht in der Lage, anders zu agieren: Entweder er fühlt sich als Opfer, weil wir uns nicht so verhalten, wie er es braucht. Oder er hat es einfach so gelernt: weil es ihm andere vorgelebt haben oder weil er irgendwann damit begonnen hat und gemerkt hat, dass er auf diese Weise wunderbar durch's Leben kommt. Das stimmt natürlich nur vordergründig. Denn eine Erpressung mag zwar das gewünschte Ergebnis bringen, aber eben gezwungenermaßen.

Gegenüber sieht sich als Opfer

Wenn jemand von vornherein Ihre Entscheidungskraft einschränkt, indem er Ihnen mit Gefühlen Druck macht, ist es wichtig, näher hinzusehen: Geschieht dies gerade aus dem Affekt, zum Beispiel, weil der andere sehr unsicher ist oder Angst hat, Sie könnten nicht das tun, was er sich unbedingt wünscht? In diesem Fall geht es darum, zu erkennen, ob Sie das dahinterstehende Bedürfnis erfüllen können, ohne genau das zu tun, was der andere verlangt. Denken Sie an Eifersucht. Hier geht es nicht darum, dass

Im Affekt oder aus Gewohnheit?

man dem anderen etwas nicht gönnt, sondern es steckt eigene Unsicherheit dahinter und das Bedürfnis, sich der Liebe sicher sein zu können. Oder das Bedürfnis ist Gesellschaft, etwa wenn ein älterer Elternteil immer wieder Besuche erzwingt, weil er sonst keine Menschen in seinem Leben hat.

Strategien zum Umgang mit emotionalen Erpressern

Lassen Sie sich nie erpressen! Weder, indem Sie sich schon im Vorfeld verunsichern lassen, weil Sie schon wissen, dass der andere auf diese Weise reagiert. Und erst recht nicht, indem Sie einknicken, sobald der Erpressungsversuch gestartet wird.

Bleiben Sie bei sich! Wenn der andere den Gefühlshebel ansetzt, um seinen Willen zu bekommen, Sie aber etwas anderes tun wollen, dann lenken Sie nicht sofort ein! Sagen Sie, wie es Ihnen mit dem Verhalten des anderen geht:

„Ich verstehe, dass Sie das dem Chef sagen müssen. Es kann natürlich sein, dass ich dann die Probezeit nicht überstehe."
„Wahrscheinlich haben Sie es jetzt gar nicht gemerkt: Doch wenn Sie das so formulieren, schieben Sie mir einen Schwarzen Peter zu. Es ist Ihnen bei der Abrechnung dreimal ein großer Fehler unterlaufen, der die Firma viel Geld kostet. Selbstverständlich muss unser Chef das jetzt erfahren. Und selbstverständlich tragen Sie auch die Verantwortung dafür."

Rechtfertigen Sie sich nicht! Wenn Sie zu überrumpelt sind, weil Sie mit der Reaktion des anderen nicht gerechnet haben, gewinnen Sie Zeit:

„Ich fühle mich jetzt richtig erpresst und kann damit momentan nicht umgehen. Ich muss mich erstmal sammeln. Wir sprechen später darüber."

Haben Sie es mit jemandem zu tun, der Sie andauernd emotional erpresst, zum Beispiel ein Verwandter, der Sie auf diese Weise dazu bringt, gegen Ihren Willen Zeit mit ihm zu verbringen, oder ein Lebenspartner, den Sie schon lange verlassen wollten und nur bei ihm bleiben, weil er „ohne Sie nicht leben kann", sollten Sie sich unbedingt davon befreien.

So kann eine gestörte Beziehung manchmal für beide Seiten sogar entspannt und angenehm werden. Sie finden im Anhang einen Buchtipp zu emotionaler Erpressung.

Der Choleriker

- *„WAS IST DAS FÜR EIN MIST?!! ICH BIN HIER NUR VON IDIOTEN UMGEBEN."*
- *„WIE WÄRS MAL ZUR ABWECHSLUNG MIT HIRN EINSCHALTEN?"* (Türenknall)

Laut, explosiv und häufig sogar beleidigend: So walzen manche Leute mit größtmöglicher Rücksichtslosigkeit durchs Leben.

Cool bleiben im Umgang mit Cholerikern

Imponiergehabe

Auch wenn es schwer zu glauben ist: Der Choleriker ist unsicher. Sie kennen den Spruch „Wer schreit, hat unrecht"? Der stimmt. Ein Choleriker poltert und beleidigt, weil er die Situation anders nicht regeln kann und weil er sich selbst nicht im Griff hat. So gesehen kann er Ihnen sogar leidtun. Dazu kommt die Gewissheit, dass solche Menschen ihr Leben lang Schwierigkeiten im zwischenmenschlichen Bereich haben. Ich sage Ihnen das nicht, damit Sie Verständnis oder sogar Mitleid haben. Sondern damit Sie hinter die laute und oft furchterregende Fassade blicken.

Strategien zum Umgang mit Cholerikern

Sind Sie jemand, der sich klein macht, bis der Sturm vorbei ist? Oder sind Sie eher ein aufbrausender Mensch, der auf alle Fälle Paroli bietet? Beides ist im Umgang mit einem Choleriker Gift!

Seien Sie kein Opfer!

Opferhaltung macht es schlimmer

Das Allerwichtigste im Umgang mit einem Choleriker ist, dass Sie sich nicht wie ein Opfer verhalten: Unsicherheit, Unterwürfigkeit, Beschwichtigen … das gießt in der Regel erst recht Öl ins Feuer. Choleriker, die sich durch Macht erheben wollen, nutzen das gezielt aus. Und bei Cholerikern, die sich nicht im Griff haben, ist es oft ein zusätzlicher Knopf, der gedrückt wird.

Lassen Sie sich nicht provozieren!

Steigen Sie niemals auf Lautstärke, Beleidigung, „blödsinnige" oder unfaire Aussagen ein. Der Choleriker hat sich entweder gar nicht mehr unter Kontrolle, dann facht es ihn nur noch mehr an – oder er nutzt seine Anfälle dazu, so richtig vom Leder zu ziehen … in diesem Fall tun Sie ihm den größten Gefallen, wenn es zu einem Schrei-Match kommt.

Denken Sie daran: Sie sind *immer* der Stärkere, wenn Sie souverän und selbstsicher bleiben – egal, wie sich Ihr Gegenüber verhält!

In der Ruhe liegt die Stärke

Achten Sie auf eine ruhige Stimme

Eine Freundin von mir zitiert seit 20 Jahren einen guten Tipp, den sie damals in einem Seminar bekommen hat. Die Trainerin hat empfohlen, in angespannten Situationen darauf zu achten, dass die Stimme den gleichen Tonfall hat, mit dem man „Morgen ist Ostwind" sagen würde. Dieser Tipp ist wirklich wunderbar: Er verhakt sich gut im Kopf. Man kann sich diese Wettervorhersage sogar kurz vorsagen, um eine Referenz zu haben. Mit diesem Bewusstsein bewaffnet, trifft man viel besser den richtigen Tonfall. Und es entschärft eine schwierige Situation, weil der Ostwind so gar nicht ins Konzept passt, dass man fast erheitert ist: Das wiederum senkt Ihren Stresslevel und Sie bekommen einen klaren Kopf.

Der Ostwind bringt klaren Kopf

Beim Choleriker wichtiger denn je: feste Grenzen ziehen

Wann immer jemand zu laut oder respektlos mit Ihnen spricht, ist es wichtig, dass Sie sofort eine klare Grenze ziehen. Sie können, wenn Ihnen das hilft, sogar „Stopp!" sagen.

Sagen Sie sofort Stopp!

Bleiben Sie ruhig. Sagen Sie klar und ohne Vorwurf:

„Bitte sprechen Sie nicht in diesem Ton mit mir."

Wenn Ihre Stimme dabei zittert, weil Sie so aufgebracht sind, ist das auch nicht schlimm. Sagen Sie es eben mit zitternder Stimme, aber in ruhigem Tonfall. Es ist sehr wichtig, dass Sie nicht anklagen und nicht rüpelhaft reagieren. Sagen Sie auch nicht etwas wie „Wir sind beide erwachsene Menschen und sollten auch in der Lage sein, erwachsen miteinander umzugehen", denn damit sagen Sie dem anderen „Du bist kindisch!". Es ist wertend, es ist angreifend und es verschlimmert die Sache.

Höflich, aber unbeirrt Wenn Ihnen das zu forsch erscheint, dann können Sie auch eine dieser Varianten wählen:

„Es ist mir wichtig, dass wir respektvoll miteinander umgehen. Darum bitte ich Sie, mich nicht anzuschreien. Also …" (Dann gehen Sie sofort inhaltlich auf Ihren Gesprächspartner ein.)

Wenn Ihr Gesprächspartner die Türe knallt oder Ihnen aus einem anderen Ärger heraus irgendetwas im Vorbeigehen an den Kopf wirft, warten Sie einen Moment, holen Sie selbst tief Luft. Denken Sie daran, dass der andere Sie nicht absichtlich ärgern möchte, sondern gerade wegen etwas auf der Palme ist. Gehen Sie dann zu der Person und sagen ruhig:

„Auch wenn Sie sich gerade über irgendetwas offenbar sehr ärgern: Ich möchte nicht, dass Sie Türen knallen (mich beleidigen)."

Kein Vorwurf. Sondern ein ruhiges Statement. Aber auch keine Diskussion von Ihrer Seite. Ziehen Sie Ihre Grenze. Ziehen Sie sie freundlich. Gehen Sie wieder.

Mit mir nicht! Dass der Choleriker mit Ihnen nicht beliebig umspringen kann, muss er lernen.

In vielen Fällen werden Sie nun eine Entschuldigung bekommen. In einigen Fällen nicht. Manche Choleriker werden an dieser Stelle pampig. Seien Sie darauf vorbereitet, dass das passieren kann. Bleiben Sie ruhig. Diskutieren Sie nicht. Rechtfertigen Sie sich nicht, sondern bleiben Sie beim Thema. Kein „aber", kein „trotzdem", kein rechtfertigen.

„Ja, Sie sind verärgert. Ich möchte nicht, dass Sie deswegen Türen knallen."

Seien Sie nicht enttäuscht, wenn die Ad-hoc-Reaktion nicht so ausfällt, wie Sie es sich wünschen. Manchmal dauert es, bis es durchsickert und der andere über seinen Schatten springen kann. Sehr häufig, und das sage ich aus meiner eigenen Erfahrung, ist es so, dass der Choleriker ab diesem Zeitpunkt mit Ihnen nicht mehr so umgeht.

Fragen Sie nach
Am schnellsten bekommt man die Luft aus dem Choleriker, wenn man ihm dabei hilft, sachlich zu werden. Fragen Sie nach:

Fungieren Sie als Ventil

- *„Ich sehe, Sie sind mächtig verärgert. Was ist los?"*
- *„Du bist total aufgebracht. Möchtest du darüber reden?"*

Wenn Sie ein engeres Verhältnis haben, brechen Sie den Bann mit Humor (aber ohne, dass der andere sich fühlt, als ob Sie sich über ihn lustig machen):

„Uhoh, du bist ja gerade wieder ein HB-Männchen vom Feinsten. Was kann ich tun?"

Sie sollten an dieser Stelle nicht auf den Tonfall eingehen. Wenn der andere aber häufig solche Anfälle hat, sollten Sie sich mit ihm, wenn er sich beruhigt hat, mal generell darüber unterhalten, wie Sie miteinander sprechen.

Entfernen Sie sich räumlich
Wenn Sie in der Situation nicht reagieren können und Sie sich schlecht fühlen, gewinnen Sie Distanz. Wenn der cholerische Anfall nichts mit Ihnen zu tun hat, können Sie einfach aus dem Raum gehen.

Wenn Sie gerade im Gespräch sind und sich der Zorn auf Sie entlädt, dann sagen Sie:

„Ich kann das jetzt und so nicht besprechen."

Vertagen Sie das Gespräch auf etwas später, wenn Ruhe eingekehrt ist. Oder, wenn Sie sich nicht einfach so entziehen können, erfinden Sie eine Aufgabe, die Sie schnell erledigen müssen, oder entschuldigen Sie sich auf die Toilette.

Tief durchatmen Gewinnen Sie dort die Fassung wieder! Steigern Sie sich nicht rein mit „Oh mein Gott, oh mein Gott …", sondern atmen Sie tief durch, schauen Sie sich im Spiegel in die Augen, richten Sie sich auf und sagen Sie sich: „Ich kann und werde damit jetzt gut umgehen." Machen Sie sich, bevor Sie zurück in die Situation gehen, bewusst, dass der andere das Problem hat und nicht Sie: Er hat sich nicht unter Kontrolle. Sein Verhalten ist nicht okay, aber er kann offenbar gerade nicht anders. Und: Erinnern Sie sich an Ihre ruhige Stimme (und den Ostwind).

Metakommunikation – aber nicht in der aufgeladenen Situation!
Haben Sie mit jemandem öfter zu tun, der cholerisch ist, ist es wichtig, grundsätzlich darüber zu reden, wie Sie miteinander sprechen. Das geht aber nicht, wenn die Gemüter erhitzt sind. Vereinbaren Sie in einer ruhigen Minute einen Gesprächstermin.

Holen Sie sich ruhig Verstärkung Wenn Sie sich dem Choleriker nicht gewachsen fühlen, holen Sie sich Verstärkung. Sagen Sie, wie Sie sich fühlen beziehungsweise, wenn Sie für jemand anderen sprechen, wie die cholerischen Anfälle wirken. Auch wenn es schwerfällt: Achten Sie unbedingt darauf, weder in Anklagen noch in Opferhaltung zu verfallen.

Ein ernstes Wort

Es ist mir ein Bedürfnis, an dieser Stelle eine Warnung auszusprechen. Es gibt da draußen auch geschickte Manipulatoren. Damit meine ich nicht den Kollegen, der Sie dazu bringen will, ein Projekt für ihn zu übernehmen, oder die Freundin, die unbedingt am Samstagabend nicht alleine ausgehen will. Sondern ich meine Menschen, die ganz gezielt und systematisch jemand anderen für ihre eigenen Zwecke kleinmachen, um sich selbst größer zu fühlen, Macht auszuüben oder (im Extremfall!) andere in ihre Gewalt zu bringen.

Erste Anzeichen können sein:

Nehmen Sie die Anzeichen ernst

- Am Anfang ist der andere ganz besonders aufmerksam und liebevoll und erreicht dadurch auch, dass man sich von seinem sozialen Netz mehr und mehr entfernt.
- Es werden Bitten geäußert, etwas zu tun oder zu lassen, das der eigenen Überzeugung entgegensteht oder sogar eine Grenze klar überschreitet.
- In der Außenwelt ist der andere sehr charmant und gesellig, zu Hause schlägt er einen völlig anderen Ton an.
- Vor anderen Leuten wird man kleingeredet, etwas Peinliches oder fast schon Bösartiges wird über einen erzählt, aber im Plauderton, so dass man es selbst „viel zu eng sieht".
- Es gibt Liebesentzug, wenn der andere nicht seinen Willen bekommt.
- Berechtigte Beschwerden oder Kritik werden so hingedreht, dass man sich hinterher selbst schlecht fühlt oder sich gar entschuldigt (und im Nachhinein in Frage stellt, ob es überhaupt so tragisch war).
- Man wird beschimpft, für „zu blöd" hingestellt und alles, was man erreicht hat oder tun möchte, wird von vornherein lächerlich gemacht.
- Es wird immer gleich ein so großer Streit vom Zaun gebrochen oder der andere überreagiert auf alles, so dass man sich selbst denkt, dass man lieber nichts sagt „um des lieben Friedens willen."

Diese Dinge eskalieren Schritt für Schritt. Häufig so marginal, dass man es gar nicht wahrnimmt oder es sogar als normal empfindet, dass man immer kleingemacht wird – und es schließlich selbst glaubt. Schlimmstenfalls ist das zudem die Vorstufe zu körperlicher Gewalt.

Wenn Sie jemanden in Ihrem Umfeld haben, der so mit Ihnen umspringt, tun Sie es nicht einfach ab. Und wenn Sie beim Lesen der Beispiele insbesondere dieses Kapitels immer wieder das Gefühl hatten, dass Ihnen das ständig passiert und Sie mit so „simplen Tipps" wie geschildert überhaupt nicht weiterkommen, dann kann das ein wichtiges Alarmsignal sein, dass Sie es mit so einem Manipulator zu tun haben. Gleiches gilt, wenn Sie sich schon systematisch kleingemacht fühlen.

Bitte: Sprechen Sie mit jemandem darüber oder wenn Sie in einer unguten Beziehung dieser Art stecken, gehen Sie zu einer Beratungsstelle und finden Sie heraus, wo Sie stehen, beziehungsweise holen sich Unterstützung, wenn es Ihnen schlecht geht.

6. Wenn der Blutdruck steigt

Geht Ihnen auch manchmal das Messer in der Tasche auf? Bei so manchem Gesprächsverhalten kommt man in sehr engen Kontakt mit dem eigenen Aggressionspotenzial.

In diesem Kapitel
- geht es um die Härtefälle: um Gesprächspartner und -verhalten, bei denen Sie am liebsten laut schreien würden, weil es so dumm, so ignorant oder provokant ist.
- Sie erfahren nicht nur, wie Sie damit umgehen können, sondern wir widmen uns auch ausführlich Ihrem „Aufreg-Typus": Wer oder was regt Sie überhaupt auf und wie wirkt es sich aus? Denn wie sehr Sie sich davon beeinflussen lassen, hat sehr viel mit eigenen Unsicherheiten und unguten Angewohnheiten zu tun, zum Beispiel leichter Reizbarkeit.
- Schließlich gibt es einen kleinen Notfallplan, damit Sie sich schnell wieder beruhigen, wenn der Blutdruck gerade ganz oben ist.

Absolute No-nos

- **Ungehalten werden:** Ja, ich weiß: Der Impuls, sich – gerade wenn man sich aufregt – auf das gleiche Niveau zu begeben wie der Gesprächspartner, ist groß. Doch halten Sie es bitte nicht mit „Wie es in den Wald hineinruft, so schallt es heraus". Beweisen Sie Größe! Bleiben Sie sachlich.
- **Missbilligung zeigen:** Missbilligung hat immer etwas Sich-Erhebendes: Es ist eine Mischung zwischen Ablehnung, Tadel und Gegenreden. Nichts davon ist zielführend. Besser ist es, eine klare, aber respektvolle Grenze zu zeigen. So ermöglichen Sie, dass Ihr Gegenüber mit auf die sachliche Bahn zurückkommen kann, die Sie idealerweise bereiten.

- **Absichtlich provozieren:** Tabu ist es, sich lustig zu machen oder absichtlich Öl ins Feuer zu gießen. Damit stellen Sie sich auf dieselbe Stufe und sorgen für eine unnötige Eskalation.

Hand aufs Herz:
Regen Sie sich schnell auf?

Soso, andere machen Sie also aggressiv? Ich verstehe Sie nur zu gut. Was glauben Sie, warum ich ausgerechnet dieses Buch geschrieben habe? Auch mir geht es häufig so wie Ihnen: bestimmte Verhaltensweisen bringen mich von 0 auf 100.

So weiß ich aber auch aus eigener Erfahrung, dass das sehr viel mit mir selbst zu tun hat. Wann immer etwas besonders heftige Reaktionen in uns hervorruft, (be)trifft es uns eben auch ganz besonders heftig. Das kann ganz unterschiedliche Gründe haben:

Ärger hat mit uns selbst zu tun

- Unser Gesprächspartner erinnert uns an jemanden, den wir nicht mögen, oder weckt alte Erinnerungen beziehungsweise schlechte Erfahrungen.
- Der andere verhält sich in einer Weise oder sagt etwas, das wir an uns selbst nicht mögen.
- Persönlichkeiten oder unterschiedliche Werte prallen aufeinander.
- Wir haben einen schlechten Tag oder sind ganz allgemein gereizter – durch Unausgeglichenheit, Stress, Probleme oder weil wir uns schlecht um uns kümmern.
- Und manchmal ärgern wir uns bei anderen über eine Sache, die in Wirklichkeit sehr viel mit uns selbst zu tun hat.

Wenn es Ihnen wie den meisten Menschen geht, dann wollen Sie sich nicht ärgern. Sie wissen, dass es nicht viel bringt und dass Sie sich selbst damit am meisten beeinträchtigen. Doch der bloße Vorsatz, sich nicht zu ärgern, reicht nicht. Damit Sie etwas verändern können, ist es wichtig, dass Sie sich klar darüber werden, was und warum genau es Sie zur Weißglut bringt. Also schnappen Sie sich bitte einen Stift und Papier. Ich stelle Ihnen nun einige Fragen.

Guter Vorsatz reicht nicht

Das regt mich auf

Kreuzen Sie an, was Sie aufregt, und bewerten Sie den Ärger-Grad. Wenn es sich unterschiedlich bemerkbar macht, kreuzen Sie mehrere Abstufungen an.

Das macht mich:	traurig	genervt	verstimmt	ärgerlich	wütend/ aggressiv
Klugscheißer, S. 141					
Lügner, S. 145					
Stänkerer, S. 149					
Hobby-Psychologen, S. 153					
Ständige-ins-Wort-Faller, S. 156					
Das-letzte-Wort-Haber, S. 160					

Fehlt etwas, das Sie besonders ärgert? Dann ergänzen Sie es:

Oder gibt es bestimmte Gesprächsthemen beziehungsweise Ansichten, die Sie auf die Palme bringen? Welche sind das?

Warum eigentlich?

Haben Sie sich schon einmal gefragt, warum Sie diese Verhaltensweisen so aufregen? Vermutlich nicht! Und doch wird, wenn Sie die verschiedenen Gründe von Seite 12 noch einmal durchlesen, schnell klar, dass es sich lohnt, das zu hinterfragen.

Warum regt Sie genau das auf?

Alles, was uns nervt oder gar angreift, hat mit unserer Bewertung zu tun. Wenn wir darüber Klarheit erhalten, können wir diese Bewertung verändern – und damit auch beeinflussen, ob uns etwas künftig nervt.

Lesen Sie die verschiedenen Aufregertypen in diesem Kapitel nun zunächst in Ruhe durch und gehen Sie anschließend Ihre Einschätzung noch einmal im Detail durch. Beantworten Sie sich schriftlich, warum Sie das so aufregt. Am besten geht das, wenn Sie einfach zu jedem Aufregertypen einen spontanen Absatz schreiben.

Beispiel: *„Klugscheißer regen mich auf, weil sie die Weisheit mit Löffeln gefressen haben. Sie glauben, sie sind was Besseres, und müssen immer korrigieren. Da kommt man sich vor wie in der Schule. Warum kümmern sich die Leute nicht um sich selbst? Ich muss ja auch nicht jeden auf Fehler hinweisen. Und überhaupt: Es hat einfach nicht jeder so eine große Allgemeinbildung. Ich habe kein Abitur, ich kann kein Latein und so weiter. Ist doch nicht schlimm!"*

Wie äußert es sich, wenn Sie sich aufregen – innerlich und nach außen?

Die Auswirkungen sind oft beträchtlich

Sie haben alle Ärger-Auslöser angekreuzt. Doch wie äußert es sich denn, wenn Sie über ein Verhalten so traurig, verstimmt, genervt, verärgert oder sogar richtiggehend wütend werden? Was tun Sie denn dann? Kreuzen Sie wieder alles an, was auf Sie zutrifft, und ergänzen Sie, wenn Ihnen eine Reaktion fehlt:

Innerlich:
- [ ] Der Ärger steigt spürbar in mir hoch
- [ ] Ich bekomme Herzklopfen und werde kurzatmig
- [ ] Ich fühle mich ungerecht behandelt, aber auch irgendwie „klein"
- [ ] Ich verfalle in eine Starre
- [ ] Ich werde unsagbar traurig, weil es gemein/unfair ist
- [ ] Am liebsten würde ich schreien
- [ ] Ich würde gerne etwas sagen, aber ich traue mich nicht bzw. mir fällt keine gute Reaktion ein (erst später)
- [ ] Ich bekomme fast Gewaltfantasien
- [ ] Ich denke mir „Typisch!" und resigniere
- [ ] Ich spiele die Situation wieder und wieder in Gedanken durch und ärgere ich mich jedes Mal wieder

Nach außen sichtbar:
- [ ] Meine Mimik wird starr (Kiefer ist verspannt)
- [ ] Ich schaue den anderen an, als ob er blöd wäre
- [ ] Mein Ärger ist in missbilligendem, provozierendem Blick sichtbar
- [ ] Ich verliere die Fassung (laufe rot an, poltere oder weine …)
- [ ] Ich rolle mit den Augen
- [ ] Ich kneife die Augen zusammen
- [ ] Ich schaue ungläubig
- [ ] Meine Körperhaltung wird starr
- [ ] Ich balle buchstäblich die Fäuste
- [ ] Ich mache eine ungeduldige Hand-/Armbewegung
- [ ] Ich rede schneller
- [ ] Meine Stimme überschlägt sich oder „kippt" (wird piepsig)
- [ ] Ich bin sprachlos

- [ ] Ich frage mich (auch noch lange nach der Situation), wie sich jemand so verhalten kann
- [ ] Unabhängig von meiner Reaktion in der aktuellen Situation merke ich mir das („wie ein Elefant")
- [ ] Ich verliere den Respekt bzw. ich mag die Person nicht mehr
- [ ] Ich denke mir „Wenn du Krieg haben willst, sollst du Krieg haben!"
- [ ] Ich ärgere mich über meine Reaktion
- [ ] Ich erschrecke über mich selbst
- [ ] Ich bekomme große Angst
- [ ] Ich schlucke meinen Ärger runter, weil ich Angst habe, dass es Streit gibt, aber fühle mich verletzt – jedes Mal ein bisschen mehr
- [ ] Ich habe schlaflose Nächte

Fehlt was?
Bitte ergänzen Sie:
- [ ]
- [ ]
- [ ]

- [ ] Ich werde laut
- [ ] Ich bin schnippisch
- [ ] Ich werde sarkastisch
- [ ] Ich weise den anderen zurecht
- [ ] Ich halte dem anderen sein Verhalten vor
- [ ] Ich erzähle anderen Leuten davon
- [ ] Ich werde beleidigend
- [ ] Ich rede den anderen „runter"
- [ ] Ich mache ihn vor anderen lustig
- [ ] Ich gewinne verbal
- [ ] Ich muss weggehen
- [ ] Ich schlage eine Türe zu oder werfe etwas lautstark auf den Tisch oder in die Ecke
- [ ] Ich fange Streit an
- [ ] Ich schlucke meinen Ärger runter und lenke sofort ein, damit es nicht eskaliert

Fehlt was?
Bitte ergänzen Sie:
- [ ]
- [ ]
- [ ]

Wie eingangs schon erwähnt: Je nachdem, worum es geht, und je nachdem, in welcher Verfassung wir selbst sind, ärgern wir uns schneller und die Auswirkungen sind dann auch anders. Da Sie gerade einschätzen, welche Reaktionen zu Ihnen passen: War es früher anders? Sind Sie vielleicht momentan gereizter als früher?

Und so arbeiten Sie mit dieser Einschätzung weiter

Immer nur an einer Verhaltensweise arbeiten

Wählen Sie sich eine Verhaltensweise aus, die Sie gerne verändern möchten. Das Ziel ist ja, souveräner und unabhängiger auf Gesprächspartner zu reagieren, die Sie wurmen. Fragen Sie sich dann: Wie hätte ich es lieber? Und: Wie könnte ich das erreichen?

Beispiel: Meine Stimme wird piepsig, wenn ich aufgebracht bin.

- Wie hätte ich es lieber?
  Ich möchte dem anderen mit normaler fester Stimme etwas sagen.
- Wie könnte ich das erreichen?
  Ich könnte erstmal Zeit gewinnen, indem ich aufstehe und das Fenster öffne oder mir ein Taschentuch oder einen Stift hole. Dabei kann ich einige Male tief einatmen, das hilft auch, meine Stimme „tieferzulegen". Ich kann mich räuspern, um die Sicherheit zu bekommen, dass meine Stimme „da" ist, bevor ich antworte.

Dann behalten Sie diese eine Verhaltensweise im Auge und arbeiten nur daran. Sie werden sehen, dass Sie in kürzester Zeit besser werden oder es vielleicht sogar schon bald abhaken können. Erst dann knöpfen Sie sich die nächste Verhaltensweise vor.

> Denken Sie immer daran, dass es Ihr Anspruch an sich selbst ist, mit anderen respektvoll umzugehen. Das alleine ist Ihr Maßstab! Sie verhalten sich konstruktiver, weil Sie das möchten und weil Sie wissen, dass Sie damit nicht nur weiterkommen, sondern auch souverän parieren können.

Der Klugscheißer

- *„Wie sag ich immer: Erst Gehirn einschalten!"*
- *„Das heißt Ballonfahren und nicht -fliegen, weil der Ballon ein Luftfahrzeug ist."*

Es gibt Menschen, die wissen viel und teilen es gerne mit. Das kann sehr interessant und unterhaltsam sein. Klugscheißer allerdings möchten nicht ihr Wissen teilen, sondern damit auftrumpfen: Sie wirken überheblich, korrigieren beharrlich die kleinsten Fehler und gefallen sich dabei.

Cool bleiben im Umgang mit dem Klugscheißer

Klugscheißer können einen nur dann aufregen, wenn Sie sich etwas daraus machen. Doch was ist dabei, wenn Sie den Genitiv nicht benutzen? Oder wenn Sie ein Detail nicht richtig sagen oder ein Fremdwort falsch verwenden? In Bayern gibt es den Spruch „Wenn's schee macht" (Wenn es schön macht). Das sagt man, wenn man etwas unnötig oder blöd findet, es aber mit einem Schulterzucken abtun kann à la „Wenn es dem anderen hilft / wenn es ihm guttut, soll er doch". Es ist also kein böser oder abwertender Kommentar, sondern es ist Ihnen schlichtweg egal. Rufen Sie sich diesen Spruch ins Gedächtnis, wenn Sie sich das nächste Mal über einen Klugscheißer ärgern. Ich garantiere Ihnen, dass Sie dann innerlich schmunzeln müssen, und das ist sowieso der beste Ärgerbrecher, den es gibt.

Wenn's schee macht

Strategien zum Umgang mit dem Klugscheißer

Überhören Sie es einfach
Sie müssen nicht auf alles eingehen. Wenn jemand Sie korrigiert, können Sie das auch unquittiert im Raum stehen lassen. Ohne böses Gesicht und ohne schnippisch zu werden.

Trennen Sie Inhalt und Ton

Wie auf Seite 92 schon näher beschrieben, nimmt es emotionalen Sprengstoff heraus, wenn Sie auf den Inhalt eingehen und sich nicht vom Tonfall (oder auch der Körpersprache) leiten lassen. Da Klugscheißer mit Korrekturen oft recht haben, können Sie den Inhalt ja gut annehmen. Wenn ich statt des Genitivs den Dativ benutze und werde darauf hingewiesen, dann brauche ich nicht böse zu sein, denn es stimmt ja, dass der Genitiv korrekt wäre. Entweder habe ich es bewusst falsch verwendet, weil es meinem Dialekt entspricht, oder ich habe es nicht besser gewusst. In beiden Fällen muss mich die Korrektur nicht angreifen.

Nehmen Sie es zur Kenntnis – mehr nicht Wichtig: Wenn Sie den Kommentar nicht überhören möchten, dann antworten Sie ganz kurz und knapp, wirklich so, dass man nur merkt, dass Sie ihn zur Kenntnis nehmen.

„Das heißt Ballonfahren und nicht -fliegen, weil der Ballon ein Luftfahrzeug ist.“
„Interessant.“ oder *„Ach, stimmt ja!“*

Damit beenden Sie das Thema sofort und geben keinerlei Gelegenheit für weiteres Dozieren. Reagieren Sie auf keinen Fall aufgebracht à la „Das wusste ich doch!“, „Man kann sich doch auch mal versprechen!“ – damit geben Sie der Sache mehr Bedeutung und es kommt zu Diskussionen, die meist in noch mehr Dozieren ausarten.

Dem Klugscheißer einen Riegel vorschieben

Sofort einschreiten Wenn jemand grob wird oder Sie durch seinen Kommentar beleidigt, schieben Sie bitte immer sofort einen Riegel vor, auch wenn es sich um einen Freund oder die Familie handelt und das Ganze „nicht so gemeint“ ist.

„Wie sag ich immer: Erst Gehirn einschalten!“
„Stopp! (ernster, sachlicher Blick – Blickkontakt aufnehmen!) *Bitte reden Sie nicht so mit mir.“*

Schweigen Sie dann, halten Sie den Blickkontakt und warten Sie, bis der andere etwas sagt. Wenn er es abtut oder sagt, das war nur ein Witz, dann wiederholen Sie ernst und klar Ihre Aussage:

„Das ist unerheblich. Ich möchte nicht, dass Sie so mit mir reden."

So stellen Sie die Situation klar, setzen Ihre Grenze – gehen dann aber auch direkt zur Tagesordnung über, ohne eine Riesensache daraus zu machen oder gar nachtragend zu sein. Sie werden sehen, dass es Ihnen sehr viel leichter fällt, mit solchen Kommentaren umzugehen, wenn Sie sofort für sich eintreten, sobald Sie sich respektlos behandelt fühlen. Das ist das beste Fundament, um gelassen bleiben zu können.

Nutzen Sie Humor!

Wissen Sie, was Sie am leichtesten durchs Leben gehen lässt? Wenn Sie über sich selbst lachen können. Vielleicht gehören Sie schon zu den Menschen, die das können. Wenn nicht, dann können Sie es lernen. Die meisten Situationen, auch schwierige, haben irgendetwas Komisches an sich. Nehmen wir an, Sie benutzen ein Fremdwort falsch:

Lachen Sie über sich selbst

„Bei ihm hat man immer das Gefühl, sein Terrarium verteidigen zu müssen!"
„Das heißt Territorium! Terrarium ist das, worin man Reptilien hält."

Lachen Sie einfach schallend! Gerade bei Fremdwörtern ist das meist recht einfach, weil die Bedeutung eines falsch genutzten Wortes oft völlig absurd ist. Doch auch, wenn es sich nicht um einen von Grund auf lustigen Fehler handelt, gewöhnen Sie es sich an, eigene Fehler leichter zu nehmen.

Vielleicht sagen Sie sich jetzt: „Das ist leichter gesagt als getan. Denn wenn ich mich schlecht oder dumm fühle, dann kann ich doch nicht über den Fehler lachen, dann fühle ich mich ja vorgeführt und es ist mir peinlich!" Stimmt. Und genau das haben Sie sich angewöhnt: Sie bewerten so eine Situation momentan sehr

Jeder macht mal Fehler

gewichtig: „Du meine Güte, ich habe etwas falsch gesagt! Wie peinlich! Und jetzt hat mich der andere auch noch korrigiert!"

Wenn Sie diese innere Grundeinstellung ändern auf: „Jeder macht mal Fehler. Das ist überhaupt kein Drama. Ich werde mal sehen, ob es daran sogar etwas Lustiges zu entdecken gibt", dann wird es Ihnen vielleicht nicht auf Anhieb gelingen, über sich lächeln zu können, aber Sie werden sich mit dieser Einstellung nach und nach mehr in der Lage fühlen, sich nicht in Fehler hineinzusteigern.

> Wenn Sie mutig sind, können Sie sich auch selbst „desensibilisieren" und sich einen Spaß daraus machen, hin und wieder absichtlich einen Fehler einzustreuen und es auszuhalten, dass nichts, aber auch gar nichts Schlimmes passiert.

Der Lügner

„Ach, hatte ich gesagt, die ganze Clique war dort? Ich hatte ganz vergessen, dass wir zu zweit in dieser Bar waren."

Ertappt! Besonders schlimm ist es, wenn man mit jemandem zu tun hat, der es praktisch ständig mit der Wahrheit nicht besonders genau nimmt – sein Leben ist nicht interessant genug, also macht er es spannend: macht Erlebnisse von Freunden zu eigenen oder erfindet nach Herzenslust, was ihm gerade praktisch erscheint, ob zum Angeben oder als Ausrede.

Cool bleiben im Umgang mit dem Lügner

Laut Lügenforschung lügen wir alle, sogar bis zu 200 Mal am Tag, zum Beispiel, wenn Sie sagen, Sie waren in einem Meeting statt „auf dem Klo", oder jemandem, den Sie nicht leiden können, einen „Guten Tag" wünschen. Doch diese Unwahrheiten tun uns nicht weh, wir nutzen sie selbst und sie gehören in diesem Rahmen zum guten Miteinander. **Jeder lügt**

Die Lügen, um die es jetzt geht, sind nicht trivial, sondern es sind größere Kaliber: Wenn Ihnen jemand falsche Tatsachen vorspiegelt, um etwas von Ihnen zu erreichen, oder wenn jemand lügt, um sich zu schützen. Ich tue mich offen gestanden schwer, in diesem Zusammenhang über Gelassenheit zu reden. Denn auch wenn eine Lüge manches Mal nachvollziehbar ist oder nicht besonders tragisch wirkt, so hat es stets eine schlimme Konsequenz: Vertrauen geht verloren. Es kann sogar so weit gehen, dass Menschen, die oft angelogen werden, niemandem mehr vertrauen können. **Vertrauen wird zerstört**

Schauen Sie, inwieweit Sie eine Lüge nachvollziehen können. Das hilft Ihnen dabei, das Miteinander zu kitten, auch wenn das Vertrauen eine Delle bekommen hat. Doch seien Sie niemals gelassen und verständnisvoll, was das Prinzip „Angelogenwerden" angeht.

Strategien zum Umgang mit Lügnern

Es geht nicht um
die Lüge selbst
Die Strategie im Umgang mit Lügnern ist demnach ganz einfach: Diskutieren Sie nicht über die Lüge an sich, sondern gehen Sie ausschließlich auf den Vertrauensbruch ein.

Sagen wir, ein Freund hat Ihnen versprochen, etwas zu erledigen. Und hat es dann nicht getan. In diesem Fall diskutieren die meisten über das Warum. Worauf der Freund Ihnen dann Gründe oder Ausreden liefern wird, warum er es nicht gemacht hat. Oft entsteht dann eine Diskussion über diese Gründe. Doch das ist nicht das Thema! Es geht vielmehr darum, dass man sich auf den anderen verlassen können möchte. Die Diskussion über Ausreden ist nicht zielführend. Wichtiger ist es zu sagen:

„Du hast es versprochen. Du hast es nicht gemacht. Mir ist es wichtig, mich auf dich verlassen zu können."

Damit nehmen Sie den anderen in die Pflicht für das Übergeordnete: die Verlässlichkeit.

Beim Lügner ist es ebenso. Wenn Sie nicht weiterhin angelogen werden möchten, ist es wichtig, dass Sie nicht über die Sache diskutieren und sich Gründe oder vielleicht sogar weitere Lügen dazu anhören. Es muss klar werden: Ich möchte nicht angelogen werden. Und es muss klar werden, welche Konsequenzen die Lüge hat.

Zum Beispiel:

- *„Du hast mich angelogen. Das finde ich ganz schlimm. Vertrauen ist mir wichtig. Ich kann dir nicht vertrauen, wenn du mich anlügst."*
- *„Es geht nicht darum, ob das eine kleine oder große Sache war. Der Spruch ‚Wer einmal lügt‘ ist wahr. Gerade, weil du wegen so etwas lügst, frage ich mich zudem: Wo sagst du denn dann noch die Wahrheit, erst recht, wenn es um etwas Wichtigeres geht?"*

Nehmen wir das Beispiel von S. 145:

„Ach, hatte ich gesagt, die ganze Clique war dort? Ich hatte es ganz vergessen, dass wir zu zweit in dieser Bar waren."

Natürlich vergisst niemand, dass er zu zweit statt mit einer Gruppe unterwegs war! Sagen wir, es handelt sich hier um eine Ehefrau, deren Mann sehr eifersüchtig ist. Weil sie weiß, dass er befürchtet, sie könnte fremdgehen, wenn sie mit einem Kollegen auf einen Wein ausgeht – auch wenn wirklich nichts dahintersteckt! –, hat sie sich dafür entschieden, die Unwahrheit zu sagen, um so Stress zu vermeiden. Als der Mann nachhakt, gibt sie es zu und erklärt, warum. Als Außenstehender ist die Erklärung sogar nachvollziehbar. Doch der Mann hat jetzt ein doppeltes Problem, und das muss er sagen. Optimal ist es natürlich, wenn es gelingt, das eigene Verhalten mit einzubeziehen:

„Ich kann nachvollziehen, dass du es nicht gesagt hast, weil ich immer gleich eifersüchtig reagiere. Doch wenn du mich anlügst, haben wir ein noch viel größeres Problem: Denn zu meiner Eifersucht kommt dann hinzu, dass ich mich ständig fragen muss, ob du jetzt die Wahrheit sagst."

So wird nicht nur idealerweise das Lügen abgeschafft, sondern der Grund, den der andere als Auslöser gesehen hat, mit erledigt.

Bitte verwechseln Sie dieses Beispiel nicht damit, sich von einem Lügner den Schwarzen Peter zuschieben zu lassen à la „Ich musste ja lügen, weil du …". So ein Gegenangriff ist eine Taktik besonders von sehr geübten Lügnern, um von sich abzulenken und dem anderen ein schlechtes Gewissen zu machen.

Achtung:
Nicht den Spieß umdrehen lassen!

Lassen Sie sich auf so eine Taktik nie ein, sondern nutzen Sie hier wieder die gesprungene Schallplatte:

„Momentan geht es darum, dass du mich angelogen hast."

Bei Lügen werden häufig Ultimaten gesetzt:

„Wenn du mich noch einmal anlügst, dann bin ich weg"
oder *„… dann kann ich unsere Freundschaft nicht weiterführen, weil mir Vertrauen das Allerwichtigste ist".*

Setzen Sie ein Ultimatum immer nur dann, wenn Sie es auch einhalten. Sonst ist es eine Farce (… und auch eine Lüge).

Der Stänkerer

- „Das Angebot klingt gut, aber ist alles nur pseudo. Kaum drehst du dich um, hast du das Messer im Rücken. Ihr werdet noch an meine Worte denken!"
- „Ich will ja nichts sagen, aber wenn ich du wäre, wäre die Sache für mich noch nicht erledigt. Immerhin ist der andere jetzt fein raus, wenn du mich fragst. Man muss sich ja nicht alles gefallen lassen."

Der Stänkerer will nur eins: Krawall. Er gefällt sich im Aufhetzen, er sät Zwietracht und sorgt dafür, dass sich die Unruhe nicht so schnell wieder beruhigt. Besonders perfide: Manchmal kommt das Stänkern in leisen Tönen. Es klingt konstruktiv. Der Stänkerer proklamiert, dass er Unstimmigkeiten gerne beseitigen möchte, und macht doch genau das Gegenteil. Stänkerer sind nachtragend und wärmen mit schöner Regelmäßigkeit alte „Verfehlungen" auf.

Cool bleiben im Umgang mit dem Stänkerer

Der Stänkerer will im Mittelpunkt stehen, versteckt sich gleichzeitig hinter einer Gruppe oder vermeintlich konstruktiven Argumenten. Manchmal merkt er es tatsächlich selbst nicht, dass er in Wirklichkeit nur aufhetzt und alles andere als lösungsorientiert ist.

Aufhetzen aus Prinzip

Die Motive von Stänkerern sind dabei ganz unterschiedlich. Häufig fühlen sie sich als Opfer oder tragen eine Antihaltung als Zeichen ihrer Individualität vor sich her. Viele gefallen sich in der Rolle eines Robin Hood, der sich gegen Regeln oder „die da oben" einsetzt.

Der Stänkerer ist der einzige Typ im ganzen Buch, bei dem ich ehrlich gesagt gar nicht für Gelassenheit plädieren möchte, denn sein Verhalten ist nicht nur nervig, sondern es ist Gift für jedes gute Miteinander. Besonders, wenn das Stänkern in Konstruktivität gekleidet ist.

Strategien im Umgang mit dem Stänkerer

Ignorieren Sie es

Wenn Sie viel im Internet unterwegs sind, dann kennen Sie vermutlich die Redewendung „Don't feed the troll!". Als Trolle gelten
im Netz Stänkerer. Der Rat, sie nicht zu füttern, bedeutet, dass
man idealerweise gar nicht auf sie eingehen sollte, um erst gar keinen fruchtbaren Boden für die Hetzereien zu bieten. Genau das
gilt auch für Stänkerer im richtigen Leben: Wenn Sie nicht auf sie
und ihr Gehetze eingehen, werden sie es bleiben lassen oder sich
ein anderes Publikum suchen.

Ersticken Sie es im Keim

Manchmal funktioniert es nicht, das Stänkern zu ignorieren – entweder, weil andere Leute darauf anspringen, oder aber, weil es Ihnen einfach zu viel wird. Dann schieben Sie einen Riegel vor.

*„Das Angebot klingt gut, aber ist alles nur pseudo. Kaum drehst du
dich um, hast du das Messer im Rücken. Ihr werdet noch an meine
Worte denken!"*

- *„Es ist nicht hilfreich, polemisch zu werden."*
- *„Es ist nicht hilfreich, polemisch zu werden. Ich finde das Angebot
insofern gut, als … Bitte konkretisieren Sie Ihre Befürchtung,
warum Sie es negativ sehen."*

oder Sie gehen auf das Stänkern selbst ein:

*„Ich empfinde das jetzt so, als wollten Sie aufwiegeln und Unruhe
stiften."*

Distanzieren Sie sich!

Diese Strategie ist geeignet, wenn Sie mit dem Stänkern in Verbin-
dung gebracht werden. Gerade, wenn Sie Teil einer Gruppe sind –
etwa im Kollegenkreis bei der Arbeit oder in einem Freundeskreis
oder Verein –, fällt das, was andere sagen, auch auf Sie zurück. Der
Stänkerer, der sich laut über die Firma beklagt, vielleicht sogar mit
den Worten „wir alle sind dieser Ansicht", repräsentiert dann Ihre

Meinung, ob Sie das wollen oder nicht. Darum ist es wichtig, sich gegebenenfalls offen zu distanzieren.

Inhaltlich: *„Ich sehe das nicht so."*

Oder mit Argumenten: *„Ich sehe das nicht so. Meine Ansicht ist ..."*

Oder indem Sie den Stänkerer in die Schranken weisen: *„Ich möchte nicht, dass Sie für alle sprechen."„Sie tun mir und uns allen keinen Gefallen, wenn Sie im Namen aller auf so feindselige Weise argumentieren."*

Lenken Sie es auf eine konstruktive Bahn

Manchmal entsteht Stänkern ganz unabsichtlich, weil sich der andere nicht zu helfen weiß oder im Affekt ungut reagiert. Manchmal ist es auch einfach eine ungute Angewohnheit, derer sich der Stänkerer nicht bewusst ist. Hier hilft Ihnen wiederum, Fragen zu stellen:

„Das Angebot klingt gut, aber ist alles nur pseudo. Kaum drehst du dich um, hast du das Messer im Rücken. Ihr werdet noch an meine Worte denken!"
„Lassen Sie uns das bitte konstruktiv angehen. Welche Befürchtungen haben Sie genau?"

Zeigen Sie Ihre Sicht der Dinge:

„Ich will ja nichts sagen, aber wenn ich du wäre, wäre die Sache für mich noch nicht erledigt. Immerhin ist der andere jetzt fein raus, wenn du mich fragst. Man muss sich ja nicht alles gefallen lassen."
„Ich sehe das nicht als ‚gefallen lassen' an. XY hat sich entschuldigt und damit ist die Sache zwischen uns beigelegt."

Oder: *„Ich halte nichts davon, nachtragend zu sein."*

Das Ziel ist nicht, den Stänkerer durch Gegenrede zur Einsicht zu bringen, sondern darauf zu achten, dass sich die negativen Konsequenzen, die sich durch Hetzereien ergeben, nicht unbemerkt ein-

Eine konstruktive Richtung einschlagen

schleichen – und dass Sie sich auch nicht durch stummes Dabeistehen mit hineinziehen lassen, indem der Stänkerer plötzlich als
Stellvertreter Ihrer Ansichten auftritt.

> **Wenn es jemand aus Ihrem engeren Umfeld ist, sollten Sie
> unbedingt mit ihm darüber sprechen, welche Auswirkungen
> sein Verhalten auf Sie und die gemeinsame Beziehung hat.**

Sie kennen es höchstwahrscheinlich, dass man jemanden wegen
so einer Angewohnheit irgendwann immer weniger schätzt. Es
einfach hinzunehmen, ist auf lange Sicht immer kontraproduktiv.
Der Ärger summiert sich innerlich dann doch, und es ist schade,
wenn deswegen plötzlich ein Bruch in einer Freundschaft entsteht
oder sich Gefühle verflüchtigen. Ganz zu schweigen davon, dass
man Gewohnheiten gerade in engerem Zusammenleben auch
übernimmt. Plötzlich stänkern Sie selbst und merken es gar nicht!

Stänkern ist auch eine massive Form des Runterziehens (s. S. 112).

Der Hobby-Psychologe

„Nein danke, ich mag Biergärten nicht so gerne. Das ist mir zu voll und zu eng."
„Du hast eine soziale Phobie!"

„Ich bekomme diesen Schnupfen einfach nicht los!"
„Frag dich mal, wovon du die Schnauze voll hast. Das ist alles psychisch!"

Der Hobby-Psychologe weiß genau, was Ihnen fehlt! Er findet seelische Ursachen für alles und er rät Ihnen bei jeder Gelegenheit zu einer Therapie.

Cool bleiben im Umgang mit dem Hobby-Psychologen

Es geht nicht darum, solche Antworten pauschal abzuwerten, sondern es geht um die Art von Mensch, die immer und überall Diagnosen stellt. Was Ihnen dabei hilft, gelassener mit solchen Zeitgenossen umzugehen, ist: Sie meinen es in der Regel gut und wollen einfach gerne helfen. Dazu kommt, dass oft eigene Erfahrungen mitschwingen: Jemand hat beispielsweise gesundheitliche Probleme durch zu viel arbeiten bekommen und sieht nun die gleichen ersten Anzeichen bei Ihnen.

Ein edles Motiv: Helfen

Strategien zum Umgang mit dem Hobby-Psychologen

Lassen Sie den Kommentar ins Leere laufen

Oft kommen solche Diagnosen beiläufig im Gespräch. Gehen Sie einfach nicht weiter darauf ein. Lassen Sie die Bemerkung entweder als Nebenbeibemerkung im Raum stehen oder antworten Sie mit einem unverbindlichen kurzen „Mhm." Ideal ist es dann wieder, das Gespräch aktiv in eine andere Richtung zu lenken.

Nicht darauf eingehen

Kurz angebunden sein

Dies ist die geeignete Strategie, wenn Sie die Psychologisiererei zurückweisen möchten. Manchmal sind die Bemerkungen richtiggehend ärgerlich, etwa wenn Sie mal eben zu einem Phobiker gemacht werden, oder auch verletzend, etwa wenn man Ihnen Bindungsunfähigkeit diagnostiziert und zur Therapie rät, nur weil Sie schon länger Single sind.

Abwägen! Aber: Wenn Sie diskutieren, vertiefen Sie die Angelegenheit. Sind Sie also genervt und möchten dem anderen nicht noch mehr Raum für seine Theorien geben, dann empfehle ich Ihnen dringend, es nicht einfach zurückzuweisen ("Das stimmt nicht.", "Du urteilst vorschnell.", "Diese seelische Ursachensuche immer …"). Denn der andere wird seine Schublade verteidigen, um seine Sichtweise zu bekräftigen. Die Folge: Sie sind noch viel mehr genervt!

Wenn Sie sich dafür entscheiden, Kontra zu geben, halten Sie es kurz und bieten keine weitere Möglichkeit, einzuhaken. Sie können:

… Ihre ursprüngliche Aussage in anderen Worten wiederholen, ohne auf die Diagnose einzugehen:

"Nein danke, ich mag Biergärten nicht so gerne. Das ist mir zu voll und zu eng."
"Du hast eine soziale Phobie!"
"Ich ziehe eine kleine Runde in ruhiger Atmosphäre vor."

… eine kurze, sachliche Bemerkung dagegensetzen, und zwar mit dem Kunstgriff, vermeintlich auf die Aussage einzugehen:

"Ich bekomme diesen Schnupfen einfach nicht los!"
"Frag dich mal, wovon du die Schnauze voll hast. Das ist alles psychisch!"
"Ja, momentan geht ein hartnäckiger Virus um."

Das „Ja" täuscht Zustimmung vor. Aber keine Sorge: Durch das, was Sie anschließend sagen, bleiben Sie auf Ihrer eigenen Spur. Häufig können Sie mit so einem kleinen Haken eine weitere Diskussion umgehen.

Sagen Sie es bei Gelegenheit

Wenn jemand Ihres engeren Umfelds sich immer so verhält und Sie können deswegen die Gesellschaft nicht mehr ertragen, möchten die Beziehung aber gerne aufrecht erhalten, sagen Sie es. Natürlich in einer ruhigen Minute und nicht, wenn Sie gerade aufgebracht sind.

Warten Sie eine ruhige Minute ab

„Ehrlich gesagt ist es mittlerweile richtig schwierig für mich, dass du immer gleich eine seelische Ursache für alles findest. Für mich ist ein Schnupfen ein Schnupfen. Und wenn ich mir das Bein breche, dann hab ich mich vertreten."

Wenn die Beziehung locker ist, reden Sie ruhig richtig Klartext – natürlich freundlich:

„Boah, ich muss dir sagen, dass mich dieses Psychologisieren wirklich nervt. Ich weiß, du meinst es nicht böse. Bei mir steigt wirklich der Blutdruck (lächeln) …"

Sie können jederzeit auch gemeinsam entscheiden, das Thema zu meiden (s. S. 69: „Wenn Sie immer im Clinch sind").

Der Ständig-ins-Wort-Faller

„Unsere Hochzeitsreise war wunderschön! Stellt euch vor, wir …"
„Apropos Hochzeiten. Mein Schwager heiratet auch im Oktober!"

„Wir können den Umsatz kurzfristig um 20 % steigern, wenn wir für das Abo künftig mehr verlangen. Das Modell, das ich dazu …"
„Und was ist mit den bestehenden Abonnenten? Haben Sie überhaupt mal kurz nachgedacht, was es für uns bedeutet, wenn uns die abspringen?"

Unterbrechungen sind nicht nur nervig, sondern können Sie auch gehörig aus dem Konzept bringen – im privaten Bereich ist das nur ärgerlich, doch im beruflichen Umfeld kann es Ihr Selbstmarketing stören, etwa wenn Sie einen Erfolg oder eine gute Idee nur schrittweise oder überhaupt nicht mitteilen können, weil Ihnen jemand ständig ins Wort fällt.

Cool bleiben im Umgang mit dem Ständig-ins-Wort-Faller

Gute Gründe für die Unterbrechung

Es gibt die gewohnheitsmäßigen Unterbrecher, die bei jedem Stichwort etwas von sich selbst erzählen („Der andere redet nur von sich", S. 35). Es gibt jedoch eine Fülle anderer Gründe. Es kann auch sein, dass Ihr Gesprächspartner …

- … nicht versteht, worum es geht: In diesem Fall ist es sogar sehr gut, Ihnen ins Wort zu fallen, denn wenn er Sie ausreden lässt, obwohl er gar nicht folgen kann, ist auch Ihnen nicht gedient.
- … schnell denkt: Manche Menschen sind sehr fix und denken sofort einige Schritte voraus oder es fällt ihnen ein zu bedenkender Aspekt ein.
- … Ihnen einen Erfolg nehmen möchte: Wenn Sie das merken, können Sie sehr viel dafür tun – auch nachträglich –, dass man Ihnen nicht die Butter vom Brot nimmt.

- … die schlechte Angewohnheit hat, einfach jederzeit, wenn er etwas sagen will, draufloszureden.

Nun dürfen wir nicht vergessen, dass Unterbrechungen manchmal auch durch uns selbst provoziert werden. Sie werden dann unterbrochen, weil Sie …

Schauen Sie bei sich!

- … zu umständlich sprechen oder nicht zum Punkt kommen: Es kann sein, dass Ihr Gesprächspartner nicht folgen kann, weil Sie zu ausschweifend sind, dass er keine Geduld oder keine Zeit hat, weil Sie sich in Details verheddern.
- … nicht verständlich genug sind: Etwa, weil Sie Wissen voraussetzen, das nicht da ist; weil Sie einem spontanen Gedanken folgen und der Gesprächspartner noch bei einem anderen Thema ist; weil Sie Fachvokabular benutzen; weil Sie zusammenhanglos springen oder die Informationen in einer Reihenfolge bringen, die den Zuhörer schlicht und ergreifend verwirrt.
- … eine gemeinsam erlebte Geschichte oder einen Erfolg unter Wert verkaufen und die beteiligte Person das Gefühl hat, eingreifen zu müssen, etwa um einen Auftrag zu retten, eine Idee oder ein tolles Ergebnis besser zu verkaufen.

Strategien zum Umgang mit dem Ständig-ins-Wort-Faller

Unterbrechungen können einen regelrecht wütend machen. Die Gefahr ist groß, dass Sie aus der Fassung geraten und sich selbst damit schaden. Gerade im Berufsleben geht es darum, zu zeigen, dass man alles im Griff hat. Wie Sie sich verhalten, bildet Ihr Image. Sie können fachlich noch so gut sein, wenn Sie sich in Meetings sehr emotional verhalten – etwa sich empören und dadurch schnippisch werden oder sich beleidigt zurückziehen –, dann schlägt sich das auf Ihr Image nieder. Sie bringen sich erst recht aus dem Konzept, wenn Sie sich auf die Störung konzentrieren. Denn das nimmt Ihnen die Aufmerksamkeit, zurück auf Ihr Thema zu kommen und es unbeirrt weiter auszuführen.

Die Gefahr: Aus dem Konzept geraten

Greifen Sie die Unterbrechung auf und reden Sie nahtlos weiter

Passt der Einwand thematisch, also besteht die Unterbrechung aus einer Verständnisfrage, einer Ergänzung oder greift tatsächlich einfach dem vor, was Sie gleich noch sagen möchten, dann nehmen Sie den Einwand zur Kenntnis und flechten Sie ihn einfach direkt in Ihren Vortrag ein:

- *„Da wollte ich gerade drauf kommen …"*
- *„Da sind Sie mir zuvorgekommen …"*

Stimmen Sie zu und nutzen Sie die Unterbrechung für sich

Zunächst zustimmen

Die Zustimmung können Sie verwenden, wenn der Unterbrecher etwas sagt, dem Sie tatsächlich zustimmen, aber natürlich auch, wenn Sie die Sache aufnehmen, aber widerlegen möchten, es sich also um einen Einwand handelt. Der Vorteil davon ist, dass Sie auch bei einem Einwand, der in Ihren Augen im falschen Ton vorgebracht wird, souverän bleiben können, weil Sie sachlich und positiv darauf eingehen:

- *„Guter Punkt: …"*
- *„Ganz genau …"*

Fahren Sie immer gleich fort

Je nach Kontext ergibt sich dann, wie Sie fortfahren. Zum Beispiel:

„Da muss ich mich kurz einschalten: Wir müssen drauf achten, dass wir das schaffen können, immerhin haben wir in der Abteilung gerade einen sehr hohen Krankenstand."

Sie denken: Ui, ich habe gar nicht daran gedacht, dass gerade so wenig Leute da sind. Sie können das natürlich zugeben. Wenn Sie das aber nicht wollen und direkt eine Lösung dafür haben, dann können Sie einfach darauf eingehen, als ob Sie das schon bedacht hätten:

„Das ist ein wichtiger Punkt, den Frau / Herr X da anspricht, der selbstverständlich berücksichtigt ist, und zwar …"

Wiederholen Sie unbeirrt Ihren letzten Punkt

Eine weitere simple Möglichkeit, mit einer Unterbrechung umzugehen, ist, einfach Ihren letzten Punkt zu wiederholen – eingeleitet
durch ein „Wie gesagt", „Lassen Sie uns zurückkommen auf", „Wir
waren bei" oder einfach, indem Sie nochmal neu ansetzen. Das
klappt auch gut, wenn Ihnen jemand für längere Zeit das Wort ab-
genommen hat. Wenn Sie sich über die Unterbrechung ärgern,
achten Sie bitte trotzdem auf einen sachlich-freundlichen Blick
und eine ruhige Stimme.

Thematisieren Sie die Unterbrechung

Sie können natürlich die Unterbrechung auch ansprechen. Sind
Sie verärgert, atmen Sie einmal unbemerkt tief durch, zeigen Sie,
wenn der andere noch spricht, mit einer Geste an, dass Sie etwas
sagen möchten, nehmen Sie Blickkontakt zum Unterbrecher auf
und halten Sie diesen. Sagen Sie dann mit ruhiger und sachlicher
Stimme:

*Konfrontieren,
aber souverän!*

- „*Wenn Sie mich ausreden ließen …*" (Schweigen)
- „*Bitte lassen Sie mich ausreden.*"
- „*Ich lasse Sie auch ausreden, nun möchte ich in Ruhe meinen
Punkt zu Ende führen.*"

Kommen Sie anschließend ganz normal zurück auf Ihr Thema
und reden Sie weiter.

Der Das-letzte-Wort-Haber

„Ich habs gleich gewusst!"

Manche Menschen müssen immer noch einen draufsetzen: bekräftigen, dass etwas von vornherein klar war; in einem Streit unbedingt das letzte Wort haben; Zweifel säen oder noch einmal nachtreten.

Cool bleiben im Umgang mit dem Das-letzte-Wort-Haber

Sie haben in diesem Buch eine ganze Menge unterschiedlicher Typen von Gesprächspartnern kennengelernt. Wenn jemand immer das letzte Wort haben möchte, gehört er in vielen Fällen in eine dieser Kategorien:

- Immer nur von sich reden (s. S. 35)
- Kommentatoren (s. S. 38)
- Triumphierer (s. S. 92)
- Stänkerer (s. S. 149)

Haben Sie so jemanden in Ihrem engeren Umfeld, dann überprüfen Sie doch gleich einmal, wo Sie ihn einordnen können.

Das letzte Wort als Zeichen von Macht

Sehr häufig ist „das letzte Wort" für uns deshalb von so großer Bedeutung, weil es zum einen eine Form von Macht bedeuten kann, etwa wenn jemand seine Ansicht noch einmal nachschiebt und das dann als Abschluss stehenbleibt. Das ärgert natürlich, wenn man eine Angelegenheit anders sieht. Es ist aber auch die Gelegenheit für den Gesprächspartner, dem Ganzen eine andere Wendung zu geben oder uns zu provozieren.

Bitte messen Sie dem letzten Wort keine so große Bedeutung bei! Wichtig ist, dass Sie Ihren Standpunkt klar benennen. In dem Moment, wo Sie das tun, ist es nicht wichtig, ob jemand anders nochmal etwas völlig anderes sagt oder „nachtritt". Eine Provokation greift immer nur dann, wenn Sie sich provozieren lassen. Machen Sie sich unabhängig davon.

Strategien zum Umgang mit dem Das-letzte-Wort-Haber

Damit Sie dem „letzten Wort" keine zu große Bedeutung mehr beimessen, können Sie auf unterschiedliche Weise vorgehen:

„Der Klügere gibt nach" – und bleibt auf Kurs

Viele Menschen verstehen diesen Spruch so, dass man klein beigibt und dem anderen seinen Willen lässt. Darum geht es mir nicht. Es geht darum, dass Sie sich immer wieder fragen: Was ist mir in dieser Situation wichtiger? Dass ich mir unbedingt ein Wortgefecht liefere und Zeit und Energie damit verbrauche? Oder dass ich die Angelegenheit in meinem Sinne gut und respektvoll beende – und dann den Fokus darauf lege, meine Ruhe zu haben?

Machen Sie sich unabhängig!

„Der Klügere gibt nach" ist eine Einstellungssache. Es bedeutet für Sie: Ich gehe nicht auf Provokationen ein. Mein Gesprächspartner schafft es nicht, mir den Kurs zu diktieren. Ich trete für mich ein. Ich sage klar und unmissverständlich, worum es mir geht. Ich beziehe die Sichtweise meines Gesprächspartners durchaus mit ein. Doch ich bestimme für mich, wann alles gesagt ist. Wenn dann mein Gesprächspartner noch einmal etwas draufsetzt oder mich provoziert, „gebe ich nach" im Sinne von: Ich lasse eine Ansicht auch einfach stehen und habe es nicht nötig, darauf noch einmal einzugehen.

Entweder Sie reagieren gar nicht mehr darauf …

In vielen Fällen ist es das Beste, auf das letzte Wort erst gar nicht mehr zu reagieren. Sie haben alles gesagt. Kommt nun noch eine Bemerkung hinterher, die alles wieder aufrühren soll, dann atmen Sie tief durch – reagieren aber nicht mehr darauf.

Vier Möglichkeiten, die Sache zu beenden

Wenn also das nächste Mal wieder jemand etwas mit „Ich hab's gleich gewusst!" reagiert, hören Sie einfach nicht hin und lassen es ins Leere laufen. Auch wenn es Sie Kraft kostet: Lenken Sie sich ab, denken Sie an Hundewelpen oder verabschieden Sie sich auf die Toilette, aber beißen Sie sich auf die Zunge!

Das gilt übrigens auch schriftlich. Sehr gut können Sie das im beruflichen Umfeld auch testen, wenn es zu Reklamationen kommt. Viele Reklamationen eskalieren nur, weil jeder immer nochmal in allen Details recht haben will und dann ständig ein weiteres „letztes Wort" dem anderen folgt.

… oder Sie wiederholen Ihren Standpunkt

Ihren Standpunkt wiederholen

Wenn die Situation so ist, dass es unhöflich wäre, nicht mehr zu reagieren, dann gehen Sie auf keinen Fall auf die letzte Bemerkung Ihres Gegenübers ein, sondern wiederholen Sie sachlich nochmal Ihren Standpunkt – ohne Details und ohne Argumente. Zum Beispiel:

„Es hat keinen Sinn, jetzt nochmal alles aufzurühren. Wir haben besprochen, was wir aus der Sache gelernt haben, und das nächste Mal machen wir es besser."

… oder Sie sagen, dass alles gesagt ist

Haben Sie eine Angelegenheit schon besprochen, sagen Sie das – gehen Sie erneut mit keinem Wort auf die Bemerkung Ihres Gesprächspartners ein, die er plötzlich nachschiebt, sondern bringen Sie die Sache zum Abschluss: „Es ist alles gesagt."

Ergeht sich Ihr Gesprächspartner in Schuldzuweisungen oder in „Hätte-wäre-wenn", dann können Sie das aufgreifen, aber mit der übergeordneten Argumentation:

„Ich wäre auch froh, wenn es anders gelaufen wäre. Doch die Zeit lässt sich nun mal nicht zurückdrehen."

Gegebenenfalls müssen Sie die gesprungene Schallplatte bemühen, wenn der andere nicht locker lässt: Wiederholen Sie ganz ruhig – gegebenenfalls mehrmals – Ihr Schlusswort.

... oder Sie sagen: „Wenn du meinst."

Fühlen Sie sich bemüßigt, noch etwas zu sagen, weil der andere nicht locker lässt oder Ihnen mit seinem letzten Wort etwas in den Mund legt, was Sie nicht meinen, dann sagen Sie das. Natürlich, und das ist jetzt besonders wichtig, nicht auf schnippische oder beleidigte Weise. Finden Sie die Ansicht bedauerlich, etwa wenn Ihnen jemand etwas unterstellt, sagen Sie das ruhig dazu:

Unbedingt kurz und knapp bleiben!

„Es tut mir sehr leid, dass Sie das so sehen."

Wiederholen Sie auf keinen Fall das, was der andere sagt! Führen Sie es nicht aus. Begründen Sie nicht erneut, was Sie vorher schon gesagt haben. Es ist alles gesagt. Wenn Sie nun doch wieder mit Argumenten kommen, hat der andere das Ziel erreicht und Sie wieder in die Diskussion hineingezogen.

Ruhig Blut! – Notfallplan für akuten Gesprächs-Bluthochdruck

In der Situation

Tief durchatmen!

So einfach wie effektiv: Atmen Sie einige Male tief durch. Das macht den Organismus ruhig (der muss dem Atemrhythmus folgen!) und es wirkt bei Ärger wie ein Ventil. Außerdem gewinnen Sie etwas Zeit und versorgen Ihr Gehirn mit Sauerstoff.

Ihre Mission: Verstehen Sie

Hängen Sie sich nicht an einzelnen Fassetten auf. Konzentrieren Sie sich auf den Inhalt – Ihr Ziel ist: Finden Sie heraus, worum es genau geht. Entweder wenn sich Ihr Gesprächspartner im Ton vergreift oder wenn Sie merken, dass Sie unerklärlicherweise heftiger reagieren als normal.

Bleiben Sie bei sich

Sie machen sich unabhängig vom Gesprächspartner, wenn Sie bei und für sich argumentieren. Reden Sie also nicht gegen („Das sehen Sie falsch!", „Ihre Ansicht ist doch idiotisch!"), sondern sprechen Sie aus Ihrer Sicht: „Ich sehe das anders.", „Hier stimme ich nicht mit Ihnen überein, denn …". Damit bringen Sie die Angelegenheit und sich selbst auf eine sachliche Schiene und nehmen die Emotionalität raus.

Gewinnen Sie Abstand

Das muss nicht zwingend räumlicher Abstand sein, auch wenn es oft hilft, sich physisch aus einer ärgerlichen Situation zu entfernen. Es ist auch emotionaler Abstand gemeint, zum Beispiel wenn Sie sich über eine Bemerkung ärgern und in eigenen Worten den Inhalt wiederholen (s. S. 92), aber die emotionale Färbung weglassen. Abstand kann auch bedeuten, dass Sie eine klare Grenze ziehen: „Darüber (oder ‚So') möchte ich nicht mit Ihnen sprechen."

Erinnern Sie sich an Ihren Anspruch an sich selbst! Sie möchten ein guter und konstruktiver Gesprächspartner sein, der respektvoll mit anderen umgeht. Das ist Ihr Anspruch an sich – auch und gerade, wenn Sie sich mit einem schwierigen Gesprächspartner oder in einer aufgeladenen Situation wiederfinden.

Nach der Situation

Steigern Sie sich nicht nachträglich weiter hinein!

Wiederholen Sie nicht wieder und wieder in Gedanken oder in Gesprächen mit anderen, was der andere gesagt oder getan hat und wie Sie das finden. Dadurch konservieren Sie Ihren Ärger unnötig und „füttern ihn".

Sprechen Sie auf konstruktive Weise mit anderen

Je mehr uns etwas ärgert, desto mehr kann es helfen, sich mit anderen zu unterhalten. Verbieten Sie sich, das emotional zu tun: Ziehen Sie also nicht über den anderen her und empören Sie sich nicht bei Dritten über ihn. Ihr Ziel sollte immer sein, dass Sie durch das „Darüber-Sprechen" runterkommen: die Angelegenheit konstruktiv Revue passieren lassen und erkennen, was Sie so aufregt und wie Sie dem das nächste Mal noch besser begegnen können. Das ist umso wichtiger, wenn Ihr Gesprächspartner jemand ist, dem Sie ständig begegnen.

Suchen Sie das Gespräch

Hat der andere eine Gewohnheit, die Sie immer wieder aufs Neue aufregt? Oder sind Sie wegen des letzten Gesprächs noch so aufgebracht, weil ein Konflikt in der Luft hängt oder Sie das Gefühl haben, dass die Angelegenheit nicht oder nicht gut geklärt ist? Dann bereiten Sie ein konstruktives Gespräch vor:

- Was möchten Sie dem anderen sagen?
- Was wünschen Sie sich?
- Was sind Ihre Argumente?

Die Vorbereitung ist deshalb wichtig, weil die Wahrscheinlichkeit, dass der Ärger aufflammt und Sie dem anderen Vorwürfe machen, sonst zu groß ist.

Sehen Sie es als Übungsterrain für besseres Selbstmanagement: Je schwieriger Gesprächspartner und einzelne Situationen für Sie sind, desto mehr haben Sie die Chance, daraus zu lernen – über sich selbst und über gute Kommunikation. Und gerade Kommunikation ist etwas, wo Sie garantiert niemals auslernen!

Anhang

Webtipps

www.selbstmarketing.de
Website der Autorin mit zahlreichen Online-Tipps zu
Kommunikation, Kritik, Konflikten, Selbstmanagement etc.

www.zeitzuleben.de/tipps/kommunikation.html
umfassende Kommunikationstipps, u. a. Gesprächsführung,
Nein sagen, Umgang mit verbalen Angriffen

www.persoenlichkeits-blog.de
interessantes Blog rund um Persönlichkeit, Selbstmanagement,
Kommunikation

www.mwonline.de
in der „Ideenfabrik" zahlreiche praktische Tipps,
u. a. zu Kommunikation, Selbstmanagement, Problemlösung
(kostenfreie Registrierung erforderlich)

Buchtipps

Bandelow, Borwin: *Das Buch für Schüchterne: Wege aus der Selbstblockade.* Reinbek bei Hamburg: Rowohlt Verlag, 2008.

Baum, Tanja: *Die Kunst, freundlich Nein zu sagen. Konsequent und positiv durch Beruf und Alltag.* 2. Auflage. Frankfurt: Redline Wirtschaft, 2008.

Baum, Tanja: *Die Kunst, freundlich Konflikte zu lösen. Liebenswürdig und lösungsorientiert in Beruf und Alltag.* Frankfurt: Redline Wirtschaft, 2006.

d'Ansembourg, Thomas: *Endlich ICH sein. Wie man mit anderen zusammenleben und gleichzeitig man selbst bleiben kann.* 5. Auflage. Freiburg: Herder Verlag, 2008.

Edmüller, A./Wilhelm, T.: *Manipulationstechniken. Erkennen und abwehren.* 5. Auflage. Freiburg: Haufe Verlag, 2008.

Forward, Susan: *Emotionale Erpressung. Wenn andere mit Gefühlen drohen.* München: Goldmann Verlag, 2008.

Gutzeit, Sabine F.: *Die Stimme wirkungsvoll einsetzen* (mit Hör-CD). 3. Auflage. Weinheim: Beltz Verlag, 2008.

Haasen, Nele: *Mut zu klaren Worten. Wie Frauen sich in Konfliktgesprächen behaupten.* 3. Auflage. München: Kösel Verlag, 2007.

Härter, Gitte/Öttl, Christine: *Das 1 × 1 der Schlagfertigkeit. So reagieren Sie jederzeit souverän.* 2. Auflage. München: GU Verlag, 2008.

Herbst, Jaya: *Schon wieder ich! Über die Opferrolle und wie wir uns davon befreien.* 4. Auflage. München: Kösel Verlag, 2002.

Hovermann, Claudia: *Starke Frauen reden Klartext. Spielregeln für die erfolgreiche Kommunikation im Job.* Offenbach a. M.: GABAL Verlag, 2008.

Jeffers, Susan: *Selbstvertrauen gewinnen. Die Angst vor der Angst verlieren.* 7. Auflage. München: Kösel Verlag, 2009.

Neumann, Eva: *Ich bin da anderer Meinung ... Schwierige Gespräche leicht gemacht.* 2. Auflage. Freiburg: Herder, 2005.

Nürnberger, Elke: *Gelassenheit lernen.* Haufe Verlag, 2008.

Recknagel, Marion/Rohmann-van Wüllen, Heike: *Clever kommunizieren. Schwierige Gespräche souverän meistern.* Offenbach a. M.: GABAL Verlag, 2007.

Schulz von Thun, Friedemann: *Miteinander reden 1–3.* Reinbek bei Hamburg: Rowohlt Verlag, 2008

Thich Nhat Hanh: *Ärger. Befreiung aus dem Teufelskreis destruktiver Emotionen.* München: Arkana, 2007.

Stichwortverzeichnis

Über die Autorin

Gitte Härter (geb. 1969) ist seit 1999 selbstständig als Coach und Trainerin. Außerdem schreibt sie Bücher rund um Business, Selbstmanagement und Kommunikation.

„Ich bin immer direkt, aber nie gemein. Und genau das möchte ich Ihnen mit diesem Buch vermitteln: Sie können alles sagen, es kommt nur darauf an, wie.

Auf www.selbstmarketing.de erfahren Sie mehr zu objektiv., der Firma, die ich gemeinsam mit Christine Öttl gegründet habe. Lesen Sie sich durch Hunderte von Online-Tipps, unter anderem zu Kommunikation.“

Business-Bücher für Erfolg und Karriere

Jörg Middendorf
Selbstcoaching in Konflikten
ISBN 978-3-86936-342-4
€ 17,90 (D) / € 18,50 (A)

Bernhard Bauhofer,
Michael Neubert
Wie gut ist mein Ruf?
ISBN 978-3-86936-340-0
€ 19,90 (D) / € 20,50 (A)

Chris Brügger,
Michael Hartschen,
Jiri Scherer
Simplicity.
ISBN 978-3-86936-245-8
€ 19,90 (D) / € 20,50 (A)

Lars Schäfer
Emotionales Verkaufen
ISBN 978-3-86936-339-4
€ 17,90 (D) / € 18,50 (A)

Johannes Stärk
Assessment-Center erfolgreich bestehen
ISBN 978-3-86936-184-0
€ 29,90 (D) / € 30,80 (A)

Johannes Stärk
Erfolgreich im Vorstellungs-gespräch und Jobinterview
ISBN 978-3-86936-440-7
€ 19,90 (D) / € 20,50 (A)

Patric P. Kutscher
Stimmtraining
ISBN 978-3-86936-247-2
€ 17,90 (D) / € 18,50 (A)

Thomas Lurz, Jasmin M. Fargel
Auf der Erfolgswelle schwimmen
ISBN 978-3-86936-439-1
€ 19,90 (D) / € 20,50 (A)

Gitte Härter
Nerv nicht!
ISBN 978-3-86936-064-5
€ 17,90 (D) / € 18,50 (A)

Brigitte Seibold
Visualisieren leicht gemacht
ISBN 978-3-86936-341-7
€ 19,90 (D) / € 20,50 (A)

Josef W. Seifert
Visualisieren Präsentieren Moderieren
ISBN 978-3-86936-240-3
€ 19,90 (D) / € 20,50 (A)

Katja Kerschgens
Reden straffen statt Zuhörer strafen
ISBN 978-3-86936-187-1
€ 19,90 (D) / € 20,50 (A)

Weitere Informationen finden Sie unter www.gabal-verlag.de

Management — fundiert und innovativ

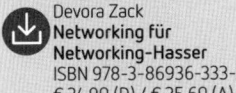
Devora Zack
Networking für Networking-Hasser
ISBN 978-3-86936-333-2
€ 24,90 (D) / € 25,60 (A)

Sylvia Löhken
Leise Menschen — starke Wirkung
ISBN 978-3-86936-327-1
€ 24,90 (D) / € 25,60 (A)

Barbara Schneider
Frauen auf Augenhöhe
ISBN 978-3-86936-427-8
€ 19,90 (D) / € 20,50 (A)

Jumi Vogler
Erfolg lacht!
ISBN 978-3-86936-326-4
€ 19,90 (D) / € 20,50 (A)

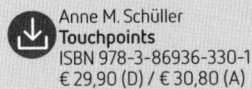
Anne M. Schüller
Touchpoints
ISBN 978-3-86936-330-1
€ 29,90 (D) / € 30,80 (A)

Robert Edward Neurohr
Strategien für Herausforderer
ISBN 978-3-86936-434-6
€ 29,90 (D) / € 30,80 (A)

Hermann Scherer
Denken ist dumm
ISBN 978-3-86936-384-4
€ 24,90 (D) / € 25,60 (A)

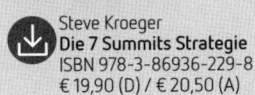
Steve Kroeger
Die 7 Summits Strategie
ISBN 978-3-86936-229-8
€ 19,90 (D) / € 20,50 (A)

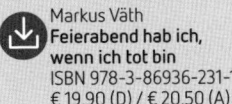
Markus Väth
Feierabend hab ich, wenn ich tot bin
ISBN 978-3-86936-231-1
€ 19,90 (D) / € 20,50 (A)

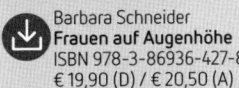

Weitere Informationen finden Sie unter www.gabal-verlag.de

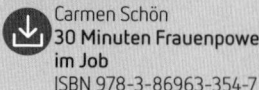

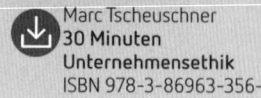

audissimo – Hörwissen für Eilige

Das 30-Minuten-Hörbuch

Jede CD
Laufzeit ca. 60 Minuten
€ 16,90 (D/A)

Ulrich Siegrist,
Martin Luitjens
30 Minuten Resilienz
ISBN 978-3-86936-464-3

Frank H. Berndt
30 Minuten Burn-out
ISBN 978-3-86936-039-3

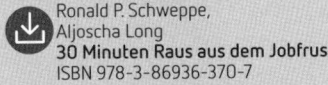

Ronald P. Schweppe,
Aljoscha Long
30 Minuten Raus aus dem Jobfrust
ISBN 978-3-86936-370-7

Bernd M. Wittschier
30 Minuten Machtspielchen im Büro
ISBN 978-3-86936-465-0

Thomas Lorenz, Stefan Oppitz
30 Minuten Selbst-Bewusstsein
ISBN 978-3-86936-462-9

Josef W. Seifert,
Bettina Kerschbaumer
30 Minuten Online-Moderation
ISBN 978-3-86936-463-6

Helmut Muthers,
Wolfgang Ronzal
30 Minuten Marketing 50+
ISBN 978-3-86936-368-4

Yvette E. Hofmann
30 Minuten Projektmanagement
ISBN 978-3-86936-369-1

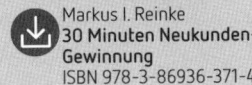

Markus I. Reinke
30 Minuten Neukunden-Gewinnung
ISBN 978-3-86936-371-4

Weitere Informationen finden Sie unter www.gabal-verlag.de

Hier finden Sie Gleichgesinnte ...

GABAL.
Wissen vernetzen

... weil sie sich für **persönliches Wachstum** interessieren, für **lebenslanges Lernen** und den Erfahrungsaustausch zum Thema Weiterbildung.

... und Andersdenkende,

weil sie aus unterschiedlichen Positionen kommen, unterschiedliche Lebenserfahrung mitbringen, mit unterschiedlichen Methoden arbeiten und in unterschiedlichen Unternehmenswelten zu Hause sind.

Das nehmen Sie mit:

- Präsentation auf wichtigen Personal-Messen zu Sonderkonditionen sowie auf den GABAL-Plattformen (GABAL impulse, eLetter und auf www.gabal.de)

- Teilnahme an Regionalgruppenveranstaltungen, Werkstattgruppen und Kompetenzteams

- Sonderkonditionen beim Symposium und Veranstaltungen unserer Partnerverbände

- Gratis-Abo der Fachzeitschrift wirtschaft + weiterbildung

- Gratis-Abo der Mitgliederzeitschrift GABAL impulse

- Vergünstigungen bei zahlreichen Kooperationspartnern

- u.v.m.

Auf unseren Regionalgruppentreffen und Symposien entsteht daraus ein **lebendiger Austausch**, denn wir entwickeln gemeinsam **neue Ideen**.
Zudem pflegen wir intensiven Kontakt zu namhaften Hochschulen, so erhalten wir vom Nachwuchs spannende Impulse, die in die eigene Praxis eingebracht werden können.

Neugierig geworden?
Informieren Sie sich am besten gleich unter:

www.gabal.de
E-Mail: info@gabal.de
oder
Tel.: 0 61 32 - 50 95 09 0